[過去問]

# 2024
# 森村学園初等部
# 入試問題集

JN084599

・問題内容についてはできる限り正確な調査分析をしていますが、入試を実際に受けたお子さんの記憶に
基づいていますので、多少不明瞭な点はご了承ください。

Shinga-kai

## 森村学園初等部
# 過去5年間の入試問題分析
# 出題傾向とその対策

## 2023年傾向

例年通り考査日前に保護者面接があり、考査は男女別に行われました。ペーパーテストでは話の記憶、数量、推理・思考、観察力、点図形などが出題されました。集団テストでは絵画・制作、行動観察などにより落ち着いて指示を聞く姿勢や作業力、お友達とのコミュニケーション力が見られていたようです。

## 傾　向

考査は男女別に年少者から順に受験番号が振り分けられ、1日目が女子、2日目が男子というように、別日程で行われます。考査時間は2時間〜2時間30分で、ペーパーテストと、集団テストとして絵画・制作、言語・発表力、自由遊びなどが行われます。ほかに考査日前の指定日時に保護者面接が実施されます。考査は男女で内容が異なりますが、例年の傾向として大きく変わることはありません。ペーパーテストでは、話の記憶、数量、推理・思考、常識、点図形などがバランスよく出題されています。集団テストの絵画・制作では、2020年度までは例年スモックを着用して行われていました。指示されたところをクレヨンで塗ったり、足りないところを描き足したりするものや、指示されたところをはさみで切り、台紙にのりで貼るなどの課題が出題されています。言語・発表力は森村学園初等部の特徴的な課題ですが、好きな遊びは何か、お手伝いは何をするか、といった基本的な質問が中心です。自由遊びでは輪投げ、ボウリング、トランプなどが用意してあり、自分の好きな遊びをしますが、過去にはグループで遊びを決めてみんなで同じ遊びをするよう出題されたこともあります。2021、2022年度は自由遊びではなく、グループごとに集団ゲームを行いました。考査は全体的に年齢相応の課題を中心に出されており、極端に難しい問題やひねった課題はほぼ見られません。また、集団活動が多く行われていることも特色といえるでしょう。面接では、志望理由、仕事内容、学園についての理解度や家庭の教育方針、子どもの性格、子どもが興味を持っていること、子育てで大切にしている点などについての質問が多く、ほかに保護者面談資料に書かれた事柄や面接当日に記入したアンケートから聞かれることもあります。

# 対　策

入試の対策としては、ペーパーテスト、絵画・制作、行動観察と、バランスよく総合的な準備をすることが重要です。ペーパーテストに関しては基本的な問題が中心となっていますが、考査の際には説明や練習問題がほとんどありません。話の記憶や数量は毎年出題される課題です。話をよく聞き、一度で指示が理解できるようにしておきましょう。数量では、大きな四角や丸などの形の内側や外側にある絵を数える課題が特徴的です。正確に解答するには観察力も必要になります。過去問に触れて慣れておくようにしましょう。観察力が見られる課題としては、同図形発見が出題されています。形や大きさ、模様の違いなどを見比べる力をつけておきましょう。推理・思考は対称図形、あみだくじ、重さ比べ、水の量など様々な出題に対応できるよう、バランスよく取り組んでおくとよいでしょう。常識では、日常生活の経験が知識として身についているかどうかが見られます。数詞もよく出題されていますが、幅広く対応できるように季節ごとの行事、交通道徳やマナーなどへの関心も高めておきましょう。点図形も頻出項目ですので、位置を特定して点と点をしっかり結ぶ、きちんと形や線をかくといった基本的な力を養っておく必要があります。入学後の学習面にも力を入れており、以前に比べて在校生の学習量（特に宿題量）の増加が顕著な学校でもあります。学習面でも協力的で理解のある家庭が求められているといえるでしょう。集団テストの制作では、「はさみで切る」「のりで貼る」「クレヨンで塗る・描く」など、基本的な作業が毎年あります。台紙の形を切り取って絵の中に貼り、周りに描き足すといった課題ですが、過去問を参考に手早く作業する力を養っておきましょう。その際にはスモックを着ることがありますので、スムーズに着用し、返却するときはきちんとたたんで戻せるように習慣づけておきましょう。そのほか、道具の扱いや片づけ、作業中の姿勢など基本的な生活習慣について普段からしっかりできるように意識を持たせ、取り組んでおくことが大切です。また、年々行動観察が重視されていく傾向があります。お友達との共同作業や集団ゲーム、自由遊びなどの様子を通して、入学後に教室での学習がきちんとできるか、協調性を持ちみんなと仲よくスムーズに学校生活を送っていけるかが見られているようです。また、一生懸命何かに取り組み、お約束や指示を守って、初めて会うお友達とも楽しく遊べる子は、社会性や協調性が十分身についているといえます。その一方、お友達を強引に遊びに引っ張ってしまったり、逆にお友達の輪に入ることができなかったりするのは好ましくありません。よくも悪くも子ども本来の姿が表れるのが行動観察のテストです。初めて会うお友達とも遊ぶ経験を重ね、お友達とのかかわりや集団でのルールを自然と身につけられるように、普段の生活から気を配るようにしましょう。ほかには特徴的なものとして、集団の中で1人ずつテスターの質問に答える言語・発表力の課題があります。日ごろからハキハキと話すことを心掛け、みんなの前でも自信を持ってお話ができるように、人前で話す経験を積むことが大切です。

# 年度別入試問題分析表

【森村学園初等部】

| | | 2023 | 2022 | 2021 | 2020 | 2019 | 2018 | 2017 | 2016 | 2015 | 2014 |
|---|---|---|---|---|---|---|---|---|---|---|---|
| **ペーパーテスト** | | | | | | | | | | | |
| | 話 | ○ | ○ | ○ | ○ | ○ | | | | | |
| | 数量 | ○ | ○ | ○ | ○ | ○ | | | | | |
| | 観察力 | ○ | ○ | | ○ | | | | | | |
| | 言語 | ○ | ○ | | | | | | | | |
| | 推理・思考 | ○ | ○ | ○ | ○ | ○ | | | | | |
| | 構成力 | ○ | | | | | | | | | |
| | 記憶 | | | | | | | | | | |
| | 常識 | | | | ○ | ○ | | | | | |
| | 位置・置換 | | | | | | | | | | |
| | 模写 | ○ | ○ | ○ | | ○ | | | | | |
| | 巧緻性 | | | | | | | | | | |
| | 絵画・表現 | | | | ○ | | | | | | |
| | 系列完成 | | | | | | | | | | |
| **個別テスト** | | | | | | | | | | | |
| | 話 | | | | | | | | | | |
| | 数量 | | | | | | | | | | |
| | 観察力 | | | | | | | | | | |
| | 言語 | | | | | | | | | | |
| | 推理・思考 | | | | | | | | | | |
| | 構成力 | | | | | | | | | | |
| | 記憶 | | | | | | | | | | |
| | 常識 | | | | | | | | | | |
| | 位置・置換 | | | | | | | | | | |
| | 巧緻性 | | | | | | | | | | |
| | 絵画・表現 | | | | | | | | | | |
| | 系列完成 | | | | | | | | | | |
| | 制作 | | | | | | | | | | |
| | 行動観察 | | | | | | | | | | |
| | 生活習慣 | | | | | | | | | | |
| **集団テスト** | | | | | | | | | | | |
| | 話 | | | | | | | | | | |
| | 観察力 | | | | | | | | | | |
| | 言語 | ○ | ○ | ○ | ○ | ○ | | | | | |
| | 常識 | | | | | | | | | | |
| | 巧緻性 | | | | | | | | | | |
| | 絵画・表現 | ○ | ○ | ○ | ○ | ○ | | | | | |
| | 制作 | ○ | ○ | ○ | ○ | ○ | | | | | |
| | 行動観察 | ○ | ○ | | ○ | ○ | | | | | |
| | 課題・自由遊び | ○ | | | ○ | ○ | | | | | |
| | 運動・ゲーム | | ○ | ○ | | | | | | | |
| | 生活習慣 | | | | ○ | ○ | | | | | |
| **運動テスト** | | | | | | | | | | | |
| | 基礎運動 | | | | | ○ | | | | | |
| | 指示行動 | | | | | | | | | | |
| | 模倣体操 | | | | | | | | | | |
| | リズム運動 | | | | | | | | | | |
| | ボール運動 | | | | | | | | | | |
| | 跳躍運動 | | | | | | | | | | |
| | バランス運動 | | | | | ○ | | | | | |
| | 連続運動 | | | | | | | | | | |
| **面接** | | | | | | | | | | | |
| | 親子面接 | | | | | | | | | | |
| | 保護者(両親)面接 | ○ | ○ | ○ | ○ | ○ | | | | | |
| | 本人面接 | | | | | | | | | | |

※伸芽会教育研究所調査データ

# 小学校受験Check Sheet

　お子さんの受験を控えて、何かと不安を抱える保護者も多いかと思います。受験対策はしっかりやっていても、すべてをクリアしているとは思えないのが実状ではないでしょうか。そこで、このチェックシートをご用意しました。1つずつチェックをしながら、受験に向かっていってください。

## ✳ ペーパーテスト編

①お子さんは長い時間座っていることができますか。

②お子さんは長い話を根気よく聞くことができますか。

③お子さんはスムーズにプリントをめくったり、印をつけたりできますか。

④お子さんは机の上を散らかさずに作業ができますか。

## ✳ 個別テスト編

①お子さんは長時間立っていることができますか。

②お子さんはハキハキと大きい声で話せますか。

③お子さんは初対面の大人と話せますか。

④お子さんは自信を持ってテキパキと作業ができますか。

## ✳ 絵画、制作編

①お子さんは絵を描くのが好きですか。

②お家にお子さんの絵を飾っていますか。

③お子さんははさみやセロハンテープなどを使いこなせますか。

④お子さんはお家で空き箱や牛乳パックなどで制作をしたことがありますか。

## ✳ 行動観察編

①お子さんは初めて会ったお友達と話せますか。

②お子さんは集団の中でほかの子とかかわって遊べますか。

③お子さんは何もおもちゃがない状況で遊べますか。

④お子さんは順番を守れますか。

## ✳ 運動テスト編

①お子さんは運動をするときに意欲的ですか。

②お子さんは長い距離を歩いたことがありますか。

③お子さんはリズム感がありますか。

④お子さんはボール遊びが好きですか。

## ✳ 面接対策・子ども編

①お子さんは、ある程度の時間、きちんと座っていられますか。

②お子さんは返事が素直にできますか。

③お子さんはお父さま、お母さまと3人で行動することに慣れていますか。

④お子さんは単語でなく、文で話せますか。

## ✳ 面接対策・保護者（両親）編

①最近、ご家族での楽しい思い出がありますか。

②ご両親の教育方針は一致していますか。

③お父さまは、お子さんのお家での生活や幼稚園・保育園での生活をどれくらいご存じですか。

④最近タイムリーな話題、または昨今の子どもを取り巻く環境についてご両親で話をしていますか。

## section 2023 　森村学園初等部入試問題

### ■ 選抜方法

考査は2日間のうち1日で、1日目に女子、2日目に男子を行う。男女とも生年月日順に20〜30人のグループに分かれて、ペーパーテスト、集団テストを行う。所要時間は約2時間。考査日前の指定日時に保護者面接がある。

---

| ペーパーテスト | 筆記用具は黒のクーピーペンを使用し、訂正方法は＝（横2本線）。出題方法は話の記憶のみ音声で、ほかは口頭。 |
| --- | --- |

### 1 話の記憶（女子）

「たろう君がソファで本を読んでいると、暖かい風が吹いて窓から桜の花びらが舞い込んできました。暖かい風で眠たくなったたろう君は、大きなあくびをしました。ふと、たろう君の目の前にネコが現れました。体は白くて、左足の先としっぽが黒いそのネコは、『お願いがあるから、ついてきて』と言いました。たろう君が水玉模様の長靴を履いてネコについていくと、チューリップ畑に着きました。畑には、大きな穴が空いています。ネコが穴に入っていったので、勇気を出してたろう君もその穴に飛び込みました。穴の中はネコの小さなお家になっていて、ドアは四角で、中に入ると丸い窓がありました。ネコは『アサガオを育てようと思って種をまいたのだけど、わたしの手では水が運べないの。手伝ってくれないかしら』とたろう君に言いました。そこでたろう君は履いていた長靴に水を入れて運び、アサガオの種に水をあげました。ネコは『ありがとう』と言って、お礼に星形のクッキーとビー玉をくれました。すると『たろう、起きなさい』というお母さんの声がして、たろう君は目が覚めました。ソファの上で本を抱えて寝ていたようです。『あれ？夢だったのかな』と思いながらたろう君が起きあがると、ポケットからビー玉が転がり落ちました」

- ・1段目です。お話に出てきたネコに○をつけましょう。
- ・2段目です。お話に出てきたお花全部に○をつけましょう。
- ・3段目です。お花に水をあげるときに使ったものに○をつけましょう。
- ・4段目です。ネコのお家の窓の形に○、ネコがくれたクッキーの形に△をつけましょう。
- ・5段目です。たろう君はどこで寝ていましたか。お話に合う絵に○をつけましょう。

### 2 話の記憶（男子）

「あいちゃんとしょうたろう君とそういちろう君は、幼稚園で仲よしのお友達です。あいちゃんは水玉模様のスカートをはき、しょうたろう君はシマウマの絵のTシャツ、そういちろう君はトラの絵のTシャツを着ています。3人は園庭で遊びながら、大人になったらどんなお仕事をする人になりたいかをお話ししています。ブランコに乗りながら、あいちゃんが『わたしは人を助けるお仕事がしたいな』と言いました。しょうたろう君が『人を助ける仕事って？』と聞くと、『救急車に乗って苦しんでいる人を助けたり、消防車に乗って火事で高いところに取り残された人を助けたりするの』とあいちゃんは答えました。今度は、男の子2人がシーソーで遊び始めました。しょうたろう君が『僕はお母さんが作ったカレーライスやオムライスがおいしくて好きなんだ。だから、コックさんになって自分のレストランで作ったお料理をみんなに食べてもらいたいな』と言いました。シーソーの反対側に乗っていたそういちろう君は『僕は動物園の飼育員さんになりたいんだ。ワニのお世話もしてみたいけど、やっぱり恐竜のトリケラトプスに似ていてかっこいいサイのお世話がしたいな』と言いました。3人はお部屋に戻った後、七夕の短冊にお願い事を書きました」

- 1段目です。あいちゃんが着ていた洋服に○をつけましょう。
- 2段目です。あいちゃんが大きくなったらやりたいと言っていたお仕事と、仲よしのものに○をつけましょう。
- 3段目です。しょうたろう君とそういちろう君が大きくなったらやりたいと言っていたお仕事と、仲よしのものに○をつけましょう。
- 4段目です。あいちゃんがやりたいお仕事のお話をしたときに遊んでいた遊具に○、しょうたろう君とそういちろう君がやりたいお仕事のお話をしたときに遊んでいた遊具に△をつけましょう。
- 5段目です。このお話の季節はいつでしょう。合う絵に○をつけましょう。

### 3 数量（女子）

四角の中と外に、いろいろな果物があります。
- 内側の四角にリンゴはいくつありますか。その数だけ、ウサギの横に○をかきましょう。
- 内側の四角の外にパイナップルはいくつありますか。その数だけ、パンダの横に○をかきましょう。
- 内側の四角にイチゴはいくつありますか。その数だけ、コアラの横に○をかきましょう。
- 内側の四角の中と外では、イチゴの数はいくつ違いますか。違う数だけ、クマの横に○をかきましょう。

### 4 数量（男子）

四角の中と外に、いろいろな野菜があります。

・内側の四角の外にトマトはいくつありますか。その数だけ、ウマの横に○をかきましょう。

・内側の四角のナスとトマトを全部合わせるといくつですか。その数だけ、ヒツジの横に○をかきましょう。

・内側の四角の中のトマトと外のピーマンは、いくつ数が違いますか。違う数だけ、ペンギンの横に○をかきましょう。

・絵の中の全部のナスとピーマンとトマトを1つずつ袋に入れると、袋はいくつできますか。その数だけ、ブタの横に○をかきましょう。

### 5 言語（男女共通）

・左の2つの四角には、虫の「クモ」と空にある「雲」が描いてあります。2つは違うものですが、名前が同じなので線で結んであります。では、右の四角に描いてあるもののうち同じ名前のもの同士を選んで、点と点を線で結びましょう。

### 6 推理・思考（男女共通）

・星かハートの印が1つの面にだけかいてある四角い積み木があります。この積み木をマス目に沿って矢印の方にコトンコトンと倒しながら動かしていくと、丸がかいてあるマス目に星やハートの印がつきます。このまま続けて動かしていったとき、星やハートの印がつくマス目全部に○をかきましょう。

### 7 構成（男女共通）

・丸の中の積み木にあと2つの形の積み木を足して、上の四角の中にあるお手本と同じものを作ります。足すとよい積み木を大きい四角の中から2つ選んで、○をつけましょう。

### 8 話の理解（男女共通）

・ニワトリとウサギとパンダの絵のコップがあります。ウサギとニワトリのコップを入れ替えた後、ニワトリとパンダのコップを入れ替えました。今、真ん中にはどの絵のコップがありますか。合う絵を下から選んで○をつけましょう。

### 9 推理・思考（対称図形）（男女共通）

・マス目を斜めの線でパタンと折ると、印は線の反対側のどのマス目にピッタリつきますか。その場所に、同じ印をかきましょう。

### 10 観察力（同図形発見）（男女共通）

・パズルがありますね。真ん中の太い線で囲まれたピースと同じ形のものを、右から見つけて○をつけましょう。

## 11 点図形（男女共通）

・左のお手本と同じになるように、右側にかきましょう。

# 集団テスト

## 12 絵画・制作（女子）

リボンのついたプレゼントの袋と風船が描いてあるＢ４判の白い台紙、リボンの一部だけが描かれた小さなピンクの画用紙、クレヨン、液体のり、はさみ、のりづけ用の下敷きにする紙が用意されている。

・台紙の風船の真ん中のところだけを、青のクレヨンで塗ってください。ピンクの画用紙の形をはさみで切り取って、台紙のリボンの絵でピッタリ合うところを探してのりで貼りましょう。プレゼントの袋の中に、誰かにあげたいと思うプレゼントの絵をクレヨンで描いてください。時間があったら、周りに自由に描き足して楽しい絵にしましょう。

## 13 絵画・制作（男子）

長靴と傘が描いてあるＢ４判の白い台紙、長靴の片方だけが描かれた小さな黄色の画用紙、クレヨン、液体のり、はさみ、のりづけ用の下敷きにする紙が用意されている。

・台紙の傘の真ん中のところだけを、水色のクレヨンで塗ってください。黄色の画用紙の形をはさみで切り取って、台紙の長靴の絵でピッタリ合うところを探してのりで貼りましょう。空いているところには、クレヨンで好きな生き物を描いてください。時間があったら、周りに自由に描き足して楽しい絵にしましょう。

## 言語・発表力（男女共通）

絵画・制作中に全員に向かってテスターが質問をする。１人ずつ順番に席についたまま答える。

・何の絵を描きましたか。（男女共通）
・誰にプレゼントしたいですか。（女子）
・好きな食べ物は何ですか。（男子）

## 行動観察・制作（女子）

５人のグループに分かれてお店屋さんごっこを行う。どんなお店屋さんにするかお友達と相談して決めたら、グループごとに用意された折り紙、液体のり、セロハンテープ、はさみを使ってお店で売るものを作る。テスターがお店屋さん役とお客さん役を決め、みんなで遊ぶ。途中でお店屋さんとお客さんの役割を交代する。

## 🔲 行動観察・制作（男子）

8人のグループに分かれて魚釣りを行う。画用紙、クリップ、クレヨン、はさみが用意されており、釣りたいものを画用紙に描いてはさみで切り取り、クリップをつける。ただし、全員が違うものを描くようにお友達と相談する。大きな布が2枚用意されるので、指示に従って布を巻いて棒状にし、池の形を作って囲み床の上に置く。その中に、先に作った釣りたいものを入れて、先端に磁石のついた釣りざおで釣って遊ぶ。釣りざおはグループの人数分よりも少なく用意されており、譲り合って遊ぶ。

## 🔲 自由遊び（男女共通）

輪投げ、ケンケンパーのフープ、ボウリングセット、トランプ遊びのブースが用意されている。初めに線のところに並んで座り、遊び方の説明を聞いてから自由に遊ぶ。遊んだ後は片づけをして、初めに自分が並んだ線のところに戻る。

## 保護者面接

### 父 親

- ・志望理由を、願書と重複しない内容でお話しください。
- ・お仕事の内容についてお聞かせください。
- ・コロナ禍でお仕事が大変だと思いますが、どのようにお子さんと過ごしていますか。
- ・今日、お子さんはどうなさっていますか。
- ・きょうだいげんかはありますか。（答えの内容により、発展して質問がある）
- ・最近のお子さんとのやりとりの中で、気になったことは何ですか。
- ・子育てで大切にしていることは何ですか。
- ・お友達とけんかをしたと、お子さんが言ったらどうしますか。
- ・しかる、ほめるということに対して、父親としてどのようなことを意識していますか。
- ・6年間の学園生活で、お子さんにはどのような点を伸ばし、どのように成長していってほしいと思いますか。（答えの内容により、発展して質問がある）
- ・ご夫婦で、お互いの子育てについて点数をつけるとしたら何点ですか。その理由もお話しください。
- ・お子さんと奥さまはどのようなところが似ていますか。
- ・奥さまのどのようなところを、お子さんにも備えていてほしいですか。
- ・緊急時や体調不良の際、お父さまがお迎えに来ることは可能ですか。

※そのほか、アンケートに記入した内容からの質問がある。

## 母 親

- 本校を選んだ一番の理由は何ですか。
- 森村市左衛門についてどのように思われますか。
- お子さんの幼稚園（保育園）での様子をお話しください。
- お子さんはご家庭でどのようなお手伝いをしていますか。
- お子さんと過ごす中で大切にしていることは何ですか。
- お子さんをしかるときやほめるとき、どのようなことを意識していますか。
- （きょうだいがいる場合）お母さまから見て、どのようなごきょうだいですか。
- ごきょうだいが通われている学校と本校とで、校風が似たところと違うところがあると思いますが、どのようにお考えですか。
- 入学した後で、学校の教育方針が変わってしまったらどうしますか。
- お友達とけんかをしたお子さんが、翌日学校に行きたくないと言ったらどうしますか。
- ご主人のどのようなところにお子さんが似てほしいですか。
- ご自宅から本校までやや遠いようですが、大丈夫ですか。
- お仕事をされていますか。お子さんが病気のときなどのお迎えは大丈夫ですか。

※そのほか、アンケートに記入した内容からの質問がある。

## 面接資料／アンケート

願書提出時に保護者面談資料を提出する。

- 家庭状況（氏名、年齢など。父母、本人を含む）。
- 志望動機。
- 志願者側から学園に伝えたいことや質問。

面接当日にアンケートを記入する。質問には、全日程共通で項目ごとに程度（3：かなり思っている、2：少し思っている、1：あまり思っていない）を選択するものと、日程ごとに違うテーマで回答を記述するものとがある。

（全日程共通）

【入学後、子どもが楽しみにしていること】

- 先生や友達と遊ぶこと
- 勉強
- 給食
- 行事
- その他（自由記載）

【入学後、子どもが不安に思っていること】
・お友達ができるか
・学校の支度が1人でできるか
・公共交通機関で通学すること
・勉強について

【自分1人で子どもができること】
・身支度（園の用意）
・時間を守ること
・最後まで話を聞くこと
・電車に乗って通学すること
・自分の体調や状況を説明すること

（面接1日目）
・最近、ご家庭での様子で子どもが成長したと感じることを合わせて3点、お書きください。（ただし、行事やイベント以外で記載すること）

（面接2日目）
・子どもに読んでよかったと思う本の題名を3点、お書きください。

（面接3日目）
・本校のホームページやSNSを見て興味を持ったことを3点、お書きください。

**1**

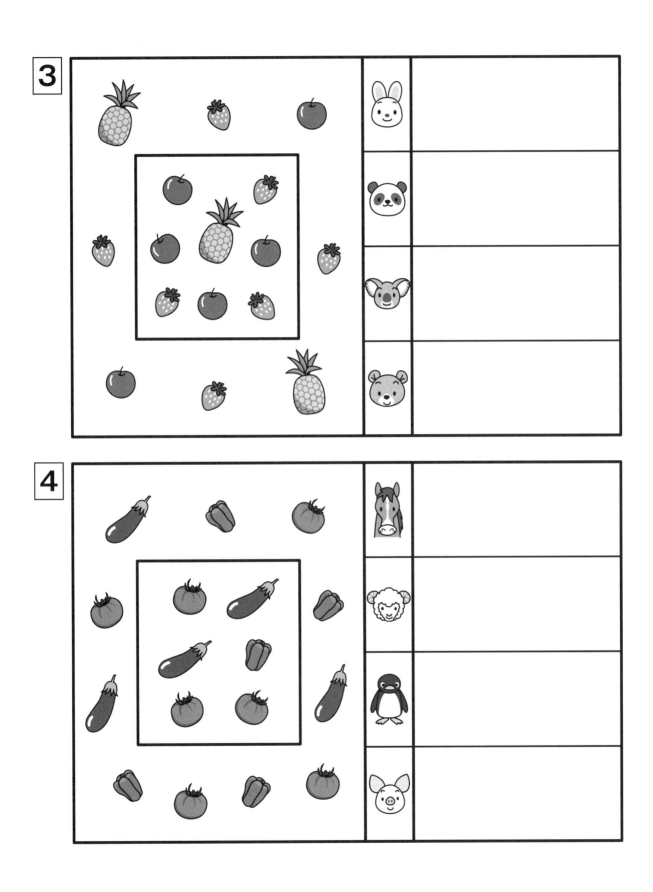

**5**

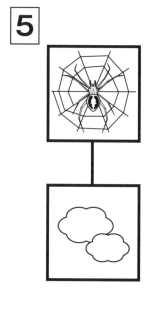

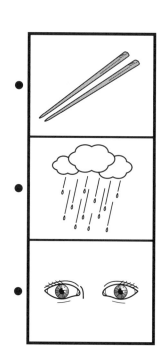

**6**

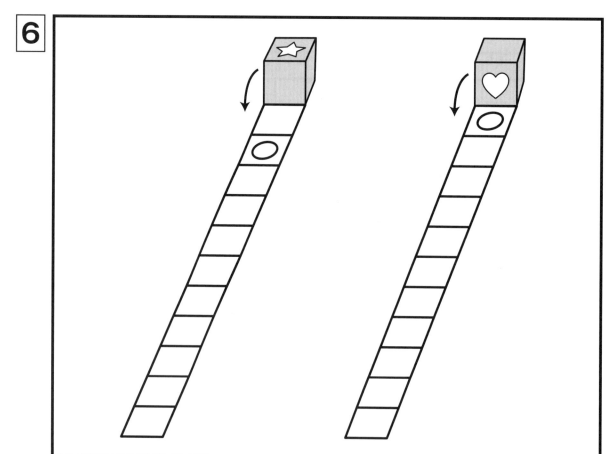

**7**

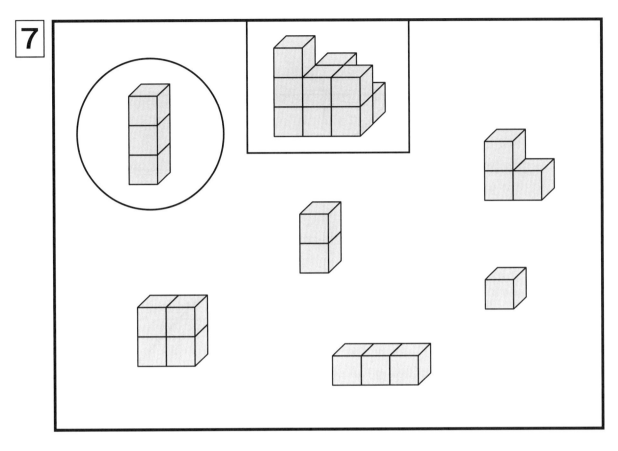

**8**

**9**

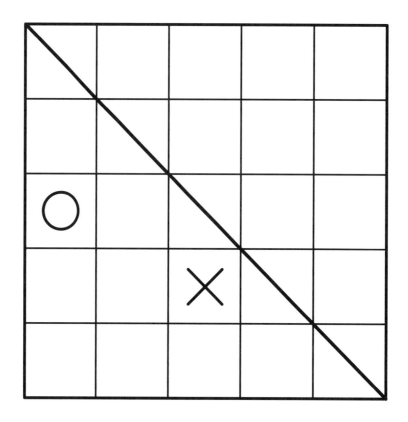

**10**

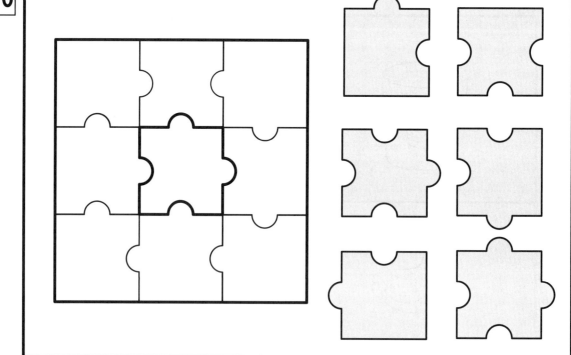

**11**

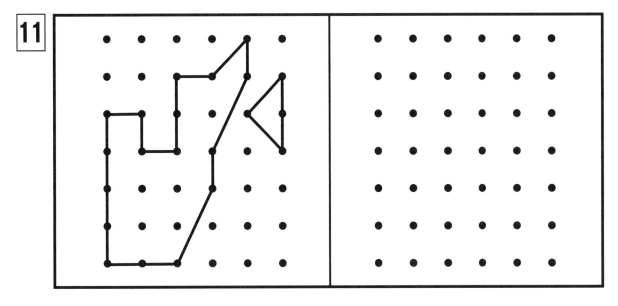

**12**

〈台紙〉 〈ピンクの画用紙〉

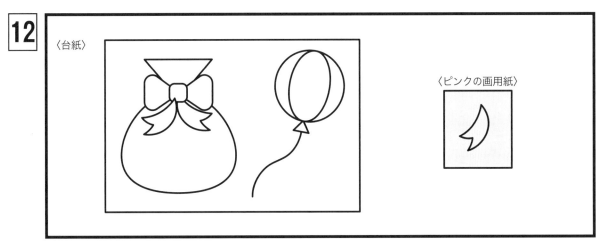

**13**

〈台紙〉 〈黄色の画用紙〉

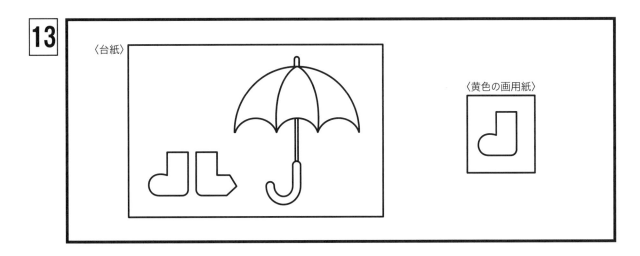

# 2022 森村学園初等部入試問題

## ■ 選抜方法

考査は2日間のうち1日で、1日目に女子、2日目に男子を行う。男女とも生年月日順に20〜30人のグループに分かれて、ペーパーテスト、集団テストを行う。所要時間は約2時間。考査日前の指定日時に保護者面接がある。

## ペーパーテスト

筆記用具は黒のクーピーペンを使用し、訂正方法は＝（横2本線）。出題方法は話の記憶のみ音声で、ほかは口頭。

## 1 話の記憶（女子）

「お天気のよいある日、さくらちゃんはウサギとパンダの絵がついたお気に入りのリュックサックを背負って、お母さんと一緒に公園に出かけました。リュックサックにはスコップが3つとバケツが1つ入っています。公園に着くと、さくらちゃんは最初にブランコで遊びました。そして、次にすべり台で遊ぼうとすると、さくらちゃんより先に、しま模様のシャツとチェックのズボンをはいた男の子がいました。さくらちゃんが『一緒に遊ぼう』と声をかけると、男の子は『いいよ』と言ってくれたので、2人は新しいお友達になり、仲よく遊ぶことにしました。すべり台の後は砂場で遊びました。砂場では、さくらちゃんはお城1つとお家2つを作り、男の子はお家3つと山とトンネルを作って、さらに2人で長い川も作りました。最後にシーソーで遊ぼうとすると、シーソーの下にかわいいネコがいたので、2人でなでてあげました。そして2人は『また遊ぼうね』と言って別れました。帰り道、さくらちゃんは『お家のみんなにケーキを買って帰ろうよ』とお母さんに言いました。『そうね。みんなきっと喜ぶわね』とお母さんも賛成して、2人でケーキ屋さんに寄ることにしました。ケーキ屋さんは、お肉屋さんと八百屋さんの間にあります。お父さんの好きなモンブランは残念ながら売り切れだったので、代わりにチョコレートケーキを買いました。さくらちゃんとお母さんはショートケーキ、妹とおばあちゃんにはシュークリームを買いました」

・一番上の段です。さくらちゃんが持っていったリュックサックに○をつけましょう。
・2段目です。さくらちゃんのリュックサックに入っていたものが正しく描いてある四角に○をつけましょう。
・3段目です。さくらちゃんが初めに遊んだものに○、2番目に遊んだものに△をつけましょう。

・4段目です。さくらちゃんが公園で出会った男の子の洋服に○をつけましょう。

・5段目です。さくらちゃんと男の子が砂場で作ったお家の数は、合わせていくつですか。その数だけ、砂山の横の長四角に○をかきましょう。

・一番下の段です。お父さんのために買って帰ったケーキに○をつけましょう。

## 2 話の記憶（男子）

「敬老の日に、たろう君はお父さんとお母さんと3人で、大好きなおばあちゃんのお家に出かけることになりました。お母さんは、おばあちゃんの大好きなコスモスの花束をプレゼントに準備しています。たろう君は、おばあちゃんに会えることはもちろん、おばあちゃんが飼っているイヌのジョンに会うのも楽しみなのです。前の晩からウキウキしていたたろう君は、『お気に入りのしま模様のTシャツと黒いズボンに、この前のお誕生日におばあちゃんに買ってもらった野球帽をかぶって行こう』と、着ていく服やかぶっていく帽子まで決めました。朝になりました。外はよいお天気です。家族3人で、車に乗って出発です。『早くジョンに会いたいなあ』と、たろう君は車の中でもソワソワしていましたが、1時間ほどかかってやっとおばあちゃんのお家に着きました。車から降りたお母さんがおばあちゃんにコスモスの花束を渡すと、『まあ、うれしい。どうもありがとうね』と、おばあちゃんはとても喜んでくれました。その後で、たろう君は庭にあるジョンの犬小屋に行ってみました。『ジョン！　会いたかったよ』とあごの辺りをなでてあげると、ジョンはうれしそうに『ワン！』とほえて、たろう君のほっぺをペロペロとなめました。『おばあちゃん、公園までジョンをお散歩に連れていってもいい？』とたろう君が聞くと、『お父さんと一緒ならいいわよ。気をつけて行ってらっしゃい』と言ってくれたので、たろう君はお父さんと、ジョンのお散歩に出かけました」

・1段目です。たろう君がおばあちゃんに会いに行った季節の絵に○をつけましょう。

・2段目です。おばあちゃんのお家には誰が行きましたか。正しい絵に○をつけましょう。

・3段目です。おばあちゃんのお家に行ったときの乗り物に○をつけましょう。

・4段目です。たろう君がおばあちゃんのお家に行ったときの様子に○をつけましょう。

・5段目です。おばあちゃんにプレゼントした花束に○をつけましょう。

## 3 数量（女子）

四角の中にいろいろな形があり、重なっているところもありますね。

・一番多い形はどれですか。フクロウの横の形に○をつけましょう。

・ハートは全部でいくつありますか。その数だけ、ブタの横に○をかきましょう。

・三角と四角はいくつ違いますか。違う数だけ、カエルの横に○をかきましょう。

・三角と四角を合わせるといくつになりますか。その数だけ、ダチョウの横に○をかきましょう。

## 4 数量（男子）

丸の中や周りに、お菓子がたくさん描いてありますね。
- 丸の中にアメはいくつありますか。その数だけ、アメの横に○をかきましょう。
- 丸の外にクッキーはいくつありますか。その数だけ、クッキーの横に○をかきましょう。
- 丸の外にあるおせんべいを2人で仲よく同じ数だけ分けると、いくつずつになりますか。その数だけ、おせんべいの横に○をかきましょう。

## 5 推理・思考（条件迷路）（女子）

- 左上の矢印からスタートして、できるだけたくさんのハートを集めて右下のお家に帰ると、ハートはいくつ集まりますか。その数だけ、ハートの横のマス目に1つずつ○をかきましょう。ただし、同じ道は1回しか通れません。

## 6 推理・思考（水の量）（女子）

- 星印の四角がお手本です。それぞれのコップに絵のようにお砂糖を入れたとき、お手本と同じ甘さになるものを選んで、○をつけましょう。

## 7 観察力（同図形発見）（女子）

- 上に2つのお手本があります。下の絵の中からそれぞれ同じ絵を見つけて、左のお手本と同じものには○、右のお手本と同じものには△をつけましょう。

## 8 言語（しりとり）（男子）

- 左上のマスクから始めて、右下のマイクまでしりとりでつなぎます。印のある四角に入るものを下から選んで、それぞれの印をつけましょう。

## 9 推理・思考（男女共通）

- 回るテーブルの席について、家族で夕ごはんを食べます。お母さんのところにピザがくるようにテーブルを回すと、女の子のところには何がきますか。下から選んで、○をつけましょう。

## 10 点図形（男女共通）

- 左のお手本と同じになるように、右側にかきましょう。

# 集団テスト

## 11 絵画・制作（男女共通）

丸が３つかかれた台紙、花びらのような形がかかれた黄色の画用紙、クレヨン、液体のり、はさみ、のりづけ用の下敷きにする紙が用意されている。
- 台紙にかかれた３つの丸を、全部違う色になるように好きな色で塗りましょう。黄色の画用紙の形をはさみで切り取って、白い台紙の真ん中辺りにのりで貼りましょう。次に、周りに自由に描き足して、楽しい絵にしましょう。

## 言語・発表力（男女共通）

絵画・制作中に１人ずつ順番にテスターから質問される。席についたまま答える。
- 何の絵を描きましたか。
- 好きな遊びは何ですか。
- 最近、うれしかったことは何ですか。

## 制作（女子）

ビニール袋の中に、ペットボトル、丸シール（赤、黄色、青、緑、オレンジ色）のシート２枚、クリップ３個が用意されている。
- ペットボトルの中にクリップ３個を入れて、マラカスを作ります。ペットボトルの周りにシールを貼って飾り、すてきなマラカスにしましょう。

ペットボトル　丸シール（５色）のシート　クリップ

## 集団ゲーム（女子）

５人のグループに分かれて、制作で作ったマラカスを使って遊ぶ。さらに３人と２人に分かれ、３人は３つの言葉を自由に決めて、その言葉に合わせてどのようにマラカスを鳴らすかを相談する（それぞれの言葉の音の数だけマラカスを振る、など）。残りの２人は離れた場所で待つ。その後、３人は待っている２人を呼び、遊び方を説明して一緒に遊ぶ。

## 集団ゲーム（ボウリング遊び）（女子）

５人のグループに分かれて、制作で作ったマラカスを使って遊ぶ。５人の机を１ヵ所に寄せ、中央に５本のマラカスを立ててピンにする。机の周りに立ち、ゴムボールを転がして

ピンに当てて倒す。

## 🔲 集団ゲーム（言葉遊び）（男子）

指示によってテスターが言った通りに動いたり、反対のこと（「右を向いて」と言われたら左を向くなど）をしたりする。人とぶつからないように行う、というお約束がある。

## 🔲 行動観察（劇遊び）（男子）

7人のグループに分かれて行う。「三匹の子豚」か「桃太郎」のうち、どちらのお話にするか、それぞれ何の役をやるかをグループで相談し、決まったら劇遊びをする。

# 保護者面接

### 父　親

- ・本校を選んだ一番の理由は何ですか。
- ・本校をどのように理解されていますか。ご家庭での教育方針と併せて志望理由もお聞かせください。
- ・学校教育の中で、ＩＣＴ（情報通信技術）はどうあるべきだと思われますか。
- ・6年間の学園生活で、お子さんにはどのような点を伸ばし、どのように成長していってほしいと思いますか。
- ・お仕事の内容についてお話しください。
- ・休日はどのように過ごされていますか。
- ・家事や子育てにおいて、ご夫婦の役割分担はどのようにされていますか。
- ・緊急時や体調不良の際、お父さまがお迎えに来ることは可能ですか。

### 母　親

- ・6年間の学園生活に期待することは何ですか。
- ・小学校のＩＣＴ教育では、お子さんに何を身につけてほしいと思いますか。
- ・どのようなお子さんですか。最近の様子を交えて教えてください。
- ・最近、お子さんをほめたのはどのようなときですか。
- ・お子さんをしかることはありますか。それはどのようなときですか。
- ・お子さんはきょうだいげんかをしますか。
- ・お子さんはお家ではどのような遊びをしていますか。
- ・お子さんにどのような習い事をさせていますか。
- ・子育てをするうえで気をつけていること、心掛けていることをお話しください。
- ・お仕事をされていますか。お子さんが病気のときなどのお迎えは大丈夫ですか。

## 面接資料／アンケート

願書提出時に保護者面談資料（面接資料）を提出する。

・家庭状況（氏名、年齢など。父母、本人を含む）。

・志望動機。

・志願者側から学園に伝えたいことや質問。

**3**

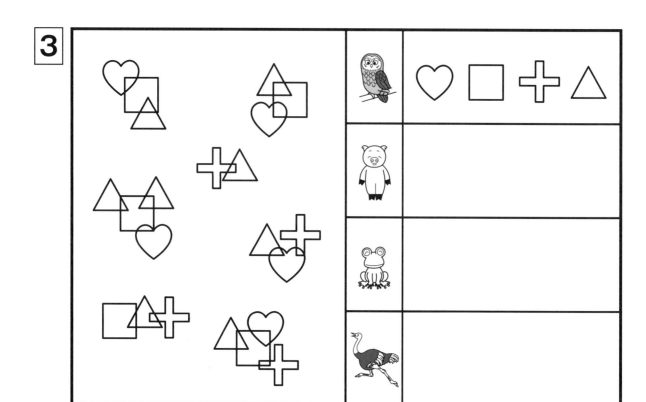

**4**

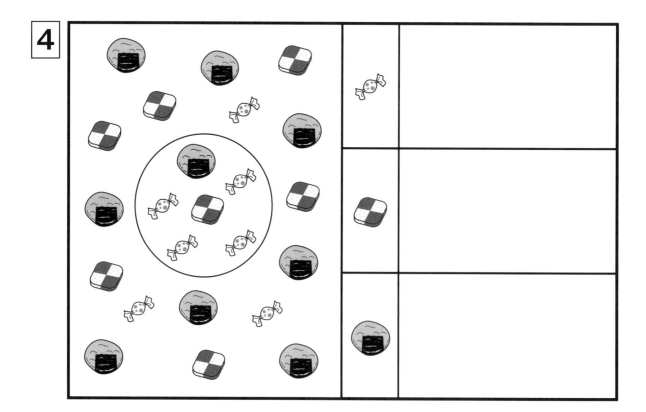

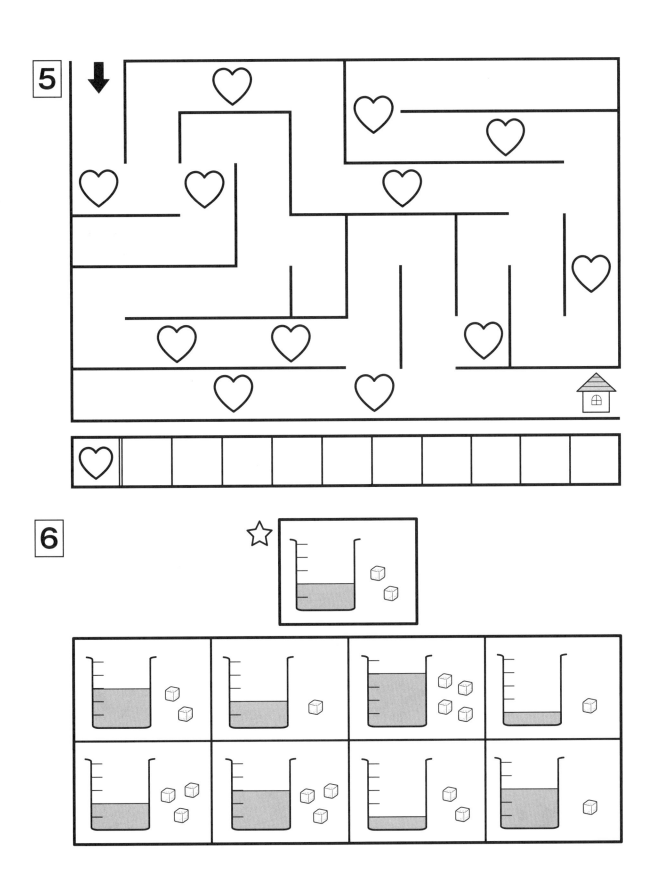

**7**

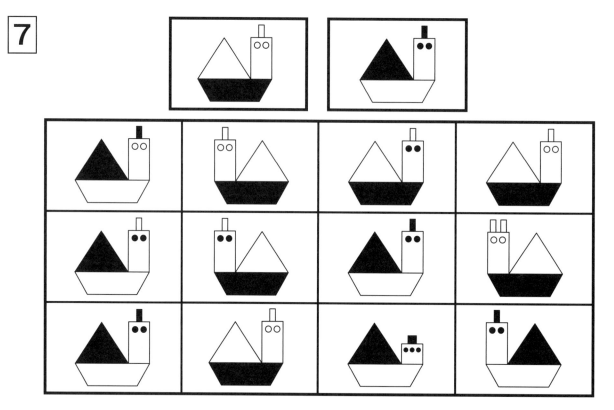

**8**

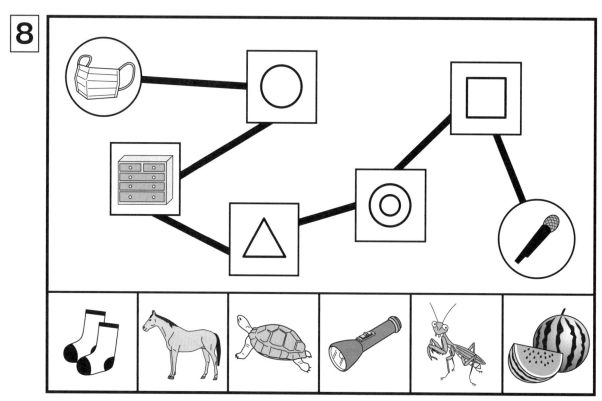

**9**

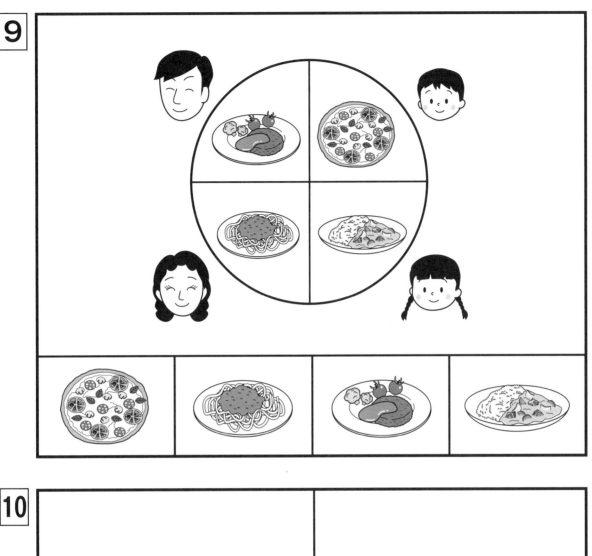

**10**

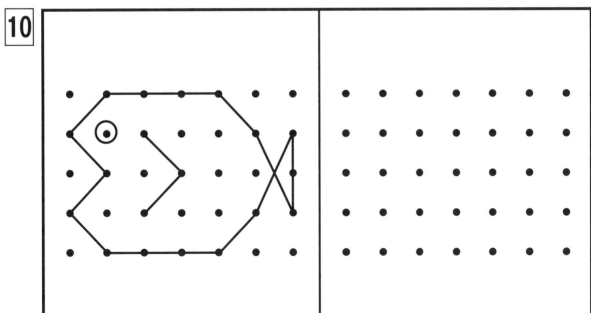

**11**

〈台紙〉

〈黄色の画用紙〉

# section
# 2021 森村学園初等部入試問題

## ■ 選抜方法

考査は2日間のうち1日で、1日目に女子、2日目に男子を行う。男女とも生年月日順に15～20人の
グループに分かれて、ペーパーテスト、集団テストを行う。所要時間は約2時間。考査日前の指定日
時に保護者面接がある。

| ペーパーテスト | 筆記用具は黒のクーピーペンを使用し、訂正方法は＝（横2本線）。出題方法は話の記憶のみ音声で、ほかは口頭。 |

## 1 話の記憶（女子）

「こう君が朝起きて外を見ると、空は曇り、今にも雨が降り出しそうでした。『ひとし君
とキャンプに行く日なのに……』と、こう君は少し悲しくなりました。朝ごはんにトース
トとサラダ、ウインナーを食べていると、いよいよ雨が降り出しました。『今日のキャン
プは無理かしら……』とお母さんが言ったので、こう君はとてもがっかりしました。とこ
ろが、朝ごはんを食べ終わるころには雨がやみ、『太陽が雲を押しのけてくれたみたいね。
キャンプに行きましょう』とお母さんが言いました。こう君は『やったー！』と喜んで、
さっそく準備を始めました。準備ができると家族みんなでお父さんが運転する車に乗り、
キャンプ場に向かいました。キャンプ場に着くと、ひとし君の家族はもう先に着いていま
した。『こう君！』と声がする方を見ると、ひとし君がこう君とおそろいのカブトムシの
Ｔシャツを着て、手を振りながら立っています。『今日の夜泊まるテントを張るぞ』と、
しましまのＴシャツを着て半ズボンをはき、麦わら帽子をかぶったひとし君のお父さんが
言い、みんなで2本の高い木の間に大きな丸い形のテントを張りました。『ここに僕たち
がお泊まりするんだね』と、こう君とひとし君はワクワクしてきました。お昼ごはんには
パスタ、夕ごはんにはカレーを作り、テントの前で食べました。『みんなで作ってお外で
食べるごはんって、すごくおいしいな』とこう君は思いました。夕ごはんの後は花火をす
ることになり、線香花火や打ち上げ花火を楽しみました。寝る前にはみんなで夜空の星を
見ました。流れ星を見つけて、それぞれお願い事をしました」

- 1段目です。キャンプの日の朝と昼と夜にこう君が食べたものは何ですか。朝食べたも
  のに○、昼食べたものに△、夜食べたものに×をつけましょう。
- 2段目です。キャンプ場に着いたとき、ひとし君とひとし君のお父さんはどんな格好を
  していましたか。正しい絵に○をつけましょう。

・3段目です。こう君が泊まったテントに○をつけましょう。

2 話の記憶（男子）

「たろう君は、お父さん、お母さん、妹のさきちゃんの4人家族です。『僕の家族は4人と1匹だよ。ネコを飼っているんだ』。たろう君は、体にしま模様のあるネコを飼っています。『名前はサクラ。サクラの咲いている春にお家にやって来たから、サクラっていうんだ』。サクラはさきちゃんが生まれる少し前から飼い始めました。さきちゃんが生まれるまで、たろう君とサクラはまるできょうだいのように仲よしでした。サクラはたろう君のことが大好きで、幼稚園からたろう君が帰ってきて玄関のドアを開けると、必ず玄関に座って待っています。『ニャー』、『サクラ、ただいま』。たろう君は帰ってくるとまず手洗いとうがいをします。それから『サクラ、おやつだよ』と言って、鈴の模様がついた丸いお皿にキャットフードを入れてサクラの前に置いてあげました。するとお母さんが『はい、これはたろうのおやつね』と言って、四角い形のクッキー2枚とオレンジジュースをテーブルに置いてくれました。おやつを食べた後、たろう君がさきちゃんとお絵描きをして遊んでいると、サクラがそばでじっと2人を見つめています。『サクラ、僕の家族の絵ができたよ。上手に描けたでしょ』と4人と1匹が描いてある絵をたろう君がサクラに見せると、『ニャー』とサクラが鳴きました。『サクラ、きっと喜んでいるよね』。たろう君とさきちゃんは笑って言いました」

・1段目です。たろう君のお家でネコを飼い始めたのはどの季節ですか。正しい絵に○をつけましょう。
・2段目です。たろう君が食べたおやつに○をつけましょう。
・3段目です。たろう君が描いた絵に○をつけましょう。

3 数量（女子）

・イルカは何匹いますか。その数だけ、イルカの横の四角に○をかきましょう。
・丸の外にビーチボールはいくつありますか。その数だけ、ビーチボールの横の四角に○をかきましょう。
・浮き輪の上にビーチボールを1つずつ載せていきます。描いてあるものを全部使うと、ビーチボールの載った浮き輪はいくつできますか。その数だけ、浮き輪の横の四角に○をかきましょう。

4 数量（男子）

・丸の中に野球のボールはいくつありますか。その数だけ、ボールの横の四角に○をかきましょう。
・丸の外にバットはいくつありますか。その数だけ、バットの横の四角に○をかきましょ

う。

・バットとグローブをセットにして子どもたちにあげます。描いてあるものを全部使って
セットを作ると、セットはいくつできますか。その数だけ、グローブの横の四角に○を
かきましょう。

**5 推理・思考（重さ比べ）（女子）**

・シーソーで重さ比べをしました。2番目に軽いものに○をつけましょう。印は下の四角
につけてください。

**6 推理・思考（重さ比べ）（男子）**

・シーソーで重さ比べをしました。一番重いものに○をつけましょう。印は下の四角につ
けてください。

**7 推理・思考（男女共通）**

・左のように折り紙を4つに折り、ハートの形をかいてからその形が見えるようにしたま
ま開くと、どのようになりますか。正しいものを右から選んで○をつけましょう。

**8 点図形（男女共通）**

・左のお手本と同じになるように、右側にかきましょう。

## 集団テスト

**9 絵画・制作（女子）**

クローバーが描かれた台紙、ハートがかかれた黄色の画用紙、クレヨン、液体のり、はさ
みが用意されている。

・台紙に描かれた3枚のクローバーの葉っぱを、全部違う色になるように好きな色で塗り
ましょう。黄色の画用紙のハートの形をはさみで切り取って、四つ葉のクローバーにな
るように葉っぱの一番上にのりで貼りましょう。次に、空いているところに太陽を描き
ましょう。時間があったら周りの様子を描き足してもよいですよ。

**10 絵画・制作（男子）**

イヌとボールが描かれた台紙、イヌの耳が描かれたオレンジ色の画用紙、クレヨン、液体
のり、はさみが用意されている。

・オレンジ色の画用紙を線に沿って切り、台紙に描かれたイヌの耳にピッタリ合うように
のりで貼りましょう。次に、台紙の3つのボールを、隣のボールと同じ色にならないよ

うに好きな色で塗り、イヌに首輪を描きましょう。時間があったら周りの様子を描き足してもよいですよ。

## ◾ 集団ゲーム（ジェスチャーゲーム）（女子）

４人のグループに分かれて行う。グループで相談して水族館にいる生き物から１つを選び、全員がその生き物をジェスチャーで表現する。次に、１人が動物園にいる好きな生き物をジェスチャーで表現し、見ている３人が何の生き物かを当てる。１人ずつ交代で行う。ジェスチャーをするときは声を出さないというお約束がある。

## ◾ 集団ゲーム（ジャンケンゲーム）（男子）

４人のグループに分かれて行う。グループで相談してグー、チョキ、パーのポーズを決める。「もりむらがくえんジャンケン」という掛け声を教わり、そのリズムに合わせてほかのグループとジャンケンゲームをする。

## ◾ 言語・発表力（男女共通）

横１列でいすに座って待ち、自分の順番が来たら立って名前を言い、質問に答える。
・あなたがするお手伝いは何ですか。
・小学校で頑張りたいことは何ですか。
・「ありがとう」と言うのはどんなときですか。
・「ありがとう」と言われるのはどんなときですか。
・しかられるのはどんなときですか。
・どこに行ってみたいと思いますか。それはなぜですか。

## 保護者面接

### 父　親

・森村学園をどのように理解されていますか。ご家庭での教育方針と合わせて志望理由もお聞かせください。
・本校に来られたことはありますか。そのときの感想をお聞かせください。
・どのようなお仕事をなさっていますか。
・お子さんとはどのようなかかわり方をされていますか。
・お休みの日は、お子さんとどのように過ごしていらっしゃいますか。
・お子さんが最近できるようになったことは何ですか。
・お子さんをしかることはありますか。それはどのようなときですか。
・本校で、お子さんのどのような点を伸ばしたいですか。

・今日、お子さんはどうなさっていますか。

・通学経路について、遠方ですが大丈夫ですか。乗り換えがありますが大丈夫ですか。

## 母　親

・本校の見学会はいかがでしたか。

・ご家庭の教育方針を具体的に教えてください。

・どのようなお子さんですか。

・お子さんにはどのように育ってほしいとお考えですか。

・お子さんの伸ばしたい点、直したい点を教えてください。

・子育てやしつけで大切になさっていることは何ですか。

・お子さんをどのようなときにほめたり、しかったりしますか。

・お子さんのよいところを教えてください。

・お子さんが最近できるようになったことは何ですか。

・お子さんはごきょうだいとどのようにかかわっていますか。

・お子さんが興味のあることは何ですか。

・お子さんにはどのようなお手伝いをさせていますか。

・お子さんの幼稚園（保育園）での様子をお聞かせください。

・お仕事についてお聞かせください。

・お仕事をされていますが、病気のときなどのお迎えはどうなさいますか。学校に来ていただく機会が多いですが、大丈夫ですか。

## 面接資料／アンケート　願書提出時に保護者面談資料（面接資料）を提出する。

・家庭状況（氏名、年齢など。父母、本人を含む）。

・志望動機。

・志願者側から学園に伝えたいことや質問。

**1**

**2**

**3**

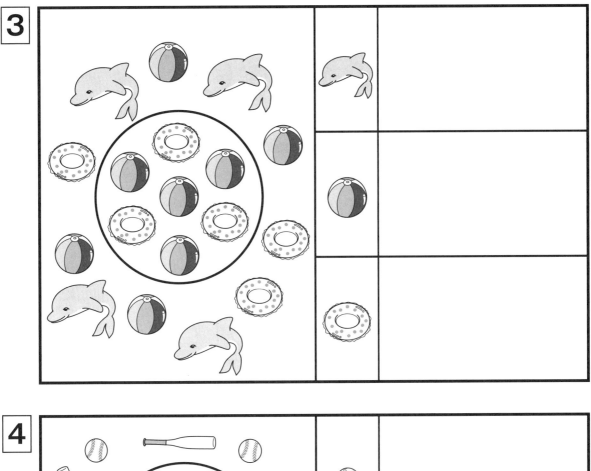

**4**

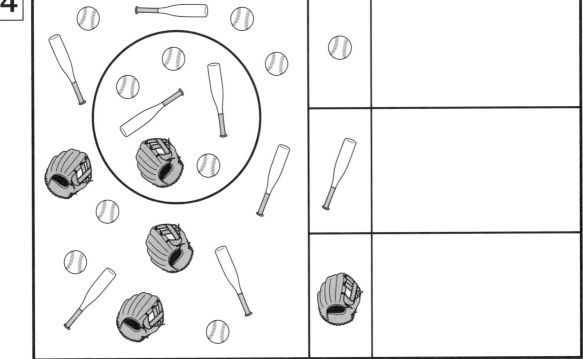

**5**

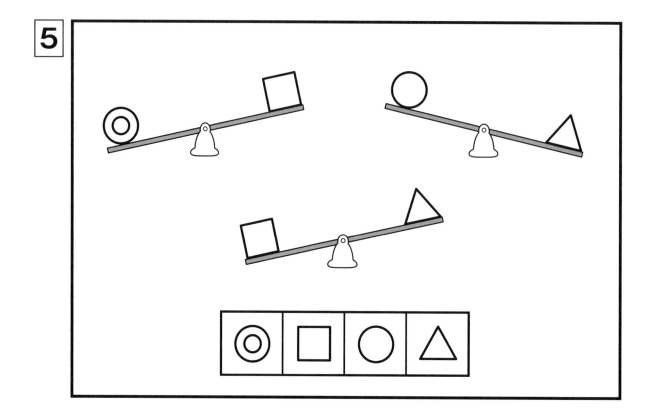

**6**

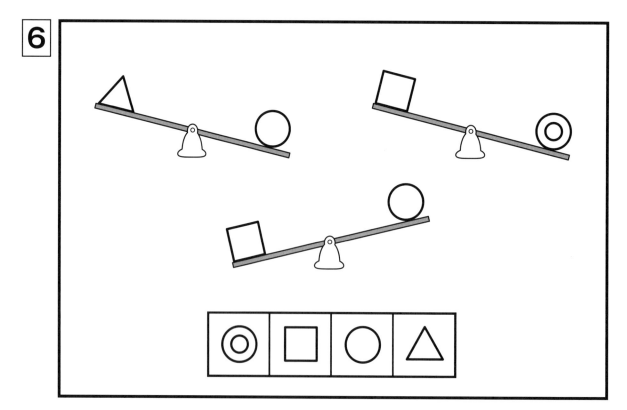

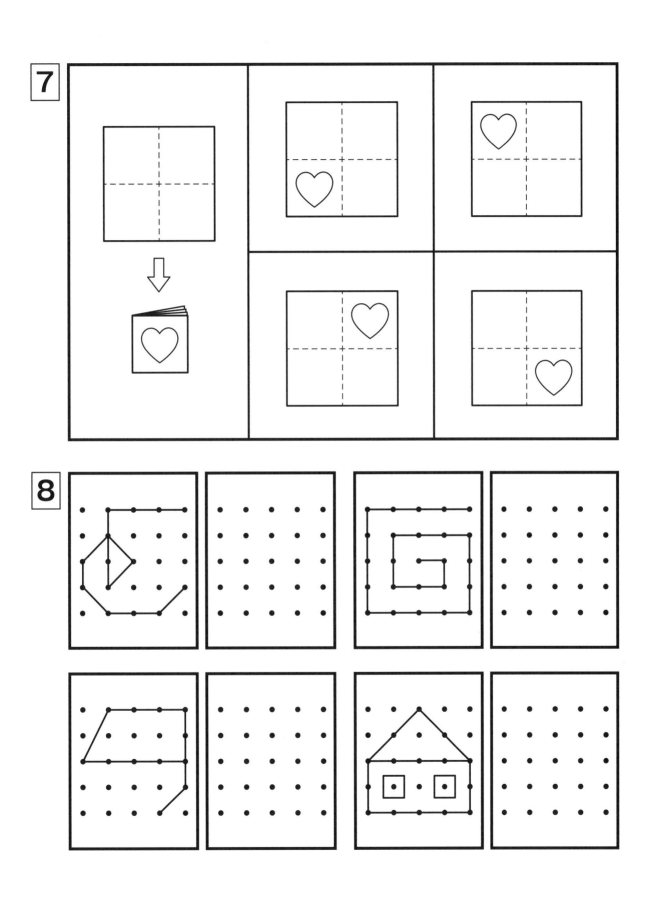

**9** 〈台紙〉

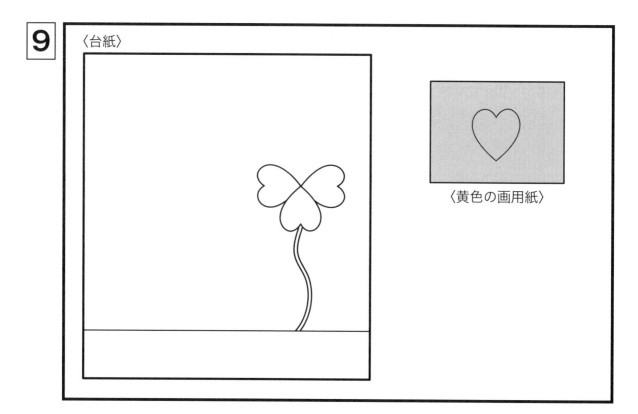

〈黄色の画用紙〉

**10** 〈台紙〉

〈オレンジ色の画用紙〉

# 2020 森村学園初等部入試問題

## ■ 選抜方法

考査は2日間のうち1日で、1日目に女子、2日目に男子を行う。男女とも生年月日順に20人前後のグループに分かれて、ペーパーテスト、集団テストを行う。所要時間は2時間〜2時間30分。考査日前の指定日時に保護者面接がある。

| ペーパーテスト | 筆記用具は黒、黄緑、水色、青、紫のクーピーペンで、指示のないときは黒を使用する。訂正方法は ＝（横2本線）。出題方法は話の記憶のみ音声で、ほかは口頭。 |

### 1 話の記憶（男子）

「ひろし君は、お父さん、お母さん、妹の4人家族です。今日はお父さんがお休みなので、いろいろなところにお出かけをすることにしましたが、『わたしはお家ですることがたくさんあるから、お留守番をしているわ』とお母さんが言ったので、3人で出かけることになりました。まず、建物が船のような形をしているデパートに行きました。ひろし君はそこで、長四角の模様が2つと三角の模様が1つついた靴を買ってもらいました。次に、お城のような形をしたレストランに行きました。お父さんはハンバーグ、妹はカレーライスを注文しました。ひろし君はたこ焼きが食べたいと思いましたが、メニューになかったのでスパゲティを注文しました。妹は甘いものが大好きなので、アイスクリームも注文しました。最後に、ロケットのような形の建物の中にある映画館に行き、今一番人気がある『走れパンダちゃん』という映画を観ました。帰りはバスに乗ってお家の近くのバス停で降りると、クマの模様がついたシャツに黒いスカートをはいたお母さんが迎えに来ていました。そこから4人で歩いてお家に帰り、夕ごはんを食べました。夕ごはんはお昼に食べたいと思っていたたこ焼きだったので、ひろし君は大喜びでした」

・1段目です。レストランはどのような形をした建物でしたか。合う絵に○をつけましょう。
・2段目です。ひろし君が買ってもらった靴に○をつけましょう。
・3段目です。レストランでひろし君が食べたものに○、妹が食べたものに△をつけましょう。
・4段目です。お母さんがバス停に迎えに来たときの格好に○をつけましょう。

### 2 話の記憶（女子）

「たろう君は、お母さんにお使いを頼まれました。『ミニトマトとレタス、マヨネーズを買ってきてね』とお母さんに言われ、さっそくたろう君はスーパーマーケットに向かいました。スーパーマーケットに着くと、『レタスとマヨネーズと……』と言いながら、たろう君は買うものをカゴに入れていきました。『あれ？　あともう1つは、ミニトマトだったかな？　それともキュウリだったかな？』たろう君はあと1つ、買うものがわからなくなってしまいました。ミニトマトとキュウリが隣同士に並んでいたので、『どちらにしようかな。神様の言う通り』と言いながら、キュウリを買うことに決めました。お家に帰る途中、お友達のはなこちゃんに会いました。はなこちゃんは、今日はピアノの発表会だったと言って、発表会に来たお友達からもらったヒマワリの花束とウサギの模様のバッグを持っていました。バイバイとはなこちゃんにあいさつをすると、たろう君はお家に帰りました。『お母さん、ただいま』と言って買ってきたものを渡すと、お母さんは『おかえりなさい。コロッケとサラダを作るから、手を洗ってお皿を用意してくれる？』と言いました。手を洗ってキッチンに入ると、お母さんが『あら、ミニトマトを忘れちゃったの？じゃあ今からお母さんが買ってくるわね』と言いました。お母さんはスーパーマーケットに行き、ミニトマトと、たろう君の大好きなトウモロコシを買ってきてくれました」

- 1段目です。たろう君が買ってきたものが描いてある四角に○、お母さんが買ってきたものが描いてある四角に×をつけましょう。
- 2段目です。たろう君がお家に帰る途中に会ったはなこちゃんは、何を持っていましたか。合うものに○をつけましょう。
- 3段目です。お母さんが作るお料理に○をつけましょう。

3  数量（男子）

- 大きい四角の中に中くらいの四角と丸があります。その四角の中にある黒丸と、丸の中にある黒丸は、いくつ違いますか。その数だけ、カンガルーの横のマス目に1つずつ○をかきましょう。
- 中くらいの四角にも丸にも入っていない白丸と黒丸の数は、いくつ違いますか。その数だけ、ヒツジの横のマス目に1つずつ○をかきましょう。

4  数量（女子）

- くしはいくつありますか。その数だけ、カンガルーの横のマス目に1つずつ○をかきましょう。
- くしと指輪の数はいくつ違いますか。その数だけ、ヒツジの横のマス目に1つずつ○をかきましょう。

5  常識（数詞）（男子）

・いろいろなものの絵があります。この中で、数え方がほかのものと違うものに○をつけましょう。

### 6 常識（数詞）（女子）

・いろいろなものの絵があります。この中で、数え方がほかのものと違うものに○をつけましょう。

### 7 推理・思考（対称図形）（男子）

・上のお手本を真ん中の線でパタンと下に折ると、どのようになりますか。下にかきましょう。

### 8 推理・思考（対称図形）（女子）

・左のように折った折り紙の線のところを切って開くと、どのようになりますか。右にかきましょう。

### 9 推理・思考（迷路）（男子）

・勇敢な男の子がお城に行きます。途中でヘビやライオン、木や石のところを通らないようにするには、どのように進めばよいですか。通る道に線を引きましょう。

### 10 推理・思考（あみだくじ）（女子）

・下の黒丸に着くには、上のどの白丸から進めばよいですか。その白丸に○をつけましょう。

### 11 常識（男子）

今から、昔話や生き物が出てくる歌が聞こえてきます。その歌に出てくるものを選んで、言われた色のクーピーペンで印をつけましょう。
・（「金太郎」の曲が聞こえる）黄緑で△をつけましょう。
・（「かたつむり」の曲が聞こえる）水色で□をつけましょう。
・（「かえるの合唱」の曲が聞こえる）青で○をつけましょう。
・（「浦島太郎」の曲が聞こえる）紫で×をつけましょう。
・（「花咲かじいさん」の曲が聞こえる）黒で○をつけましょう。

### 12 観察力（同図形発見）（女子）

・左端のお手本と同じ絵を右から探して、○をつけましょう。

### 13 観察力（同図形発見）（男子）

・左上のお手本と同じ絵を探して、○をつけましょう。

## 14 話の記憶・絵画（想像画）（女子）

「キツネとクマが、大きな木の幹にあるドアの中に入ると、その中には夜空に輝く星がある、という話を聞きました。そこでキツネとクマは星を取ろうと思い、ドアの前にやって来ました。ところが2匹とも自分が先に入ろうとして、ドアの前でけんかを始めました。怒ったクマが『僕が先に行くよ』と言ってキツネを押しのけてドアを開けると、キツネも押し戻して2匹同時に中に入りました。すると2匹は顔を見合わせて思わず大笑いし、仲直りしました」

・キツネとクマがけんかをしていた場所はどこですか。左の絵のその場所に○をつけましょう。
・2匹がドアを開けて中に入ったら、そこはどのようなお家だったと思いますか。右にその絵を描きましょう。

## 集団テスト

### 生活習慣（男女共通）

前にポケットがあり、かぶるタイプのスモックを着る。スモックは制作の活動が終わった後、脱いでたたんで返す。

## 15 絵画・制作（男子）

魚が描かれた台紙、魚の胸びれが描かれた青い台紙、クレヨン、液体のり、はさみが用意されている。
・青い台紙を線に沿って切り、魚が描かれた台紙の胸びれの形のところにピッタリ合うようにのりで貼りましょう。次に、背びれは黄色、尾びれは水色で塗りましょう。魚の下の空いているところに、魚が寂しくないようにお友達の魚を好きな色で描きましょう。

## 16 絵画・制作（女子）

鳥と卵が描かれた台紙、鳥の羽が描かれたオレンジ色の台紙、クレヨン、液体のり、はさみが用意されている。
・オレンジ色の台紙を線に沿って切り、鳥が描かれた台紙の羽の形のところにピッタリ合うようにのりで貼りましょう。次に、台紙の卵のギザギザの線より上は黄色、下は水色で塗りましょう。卵の上の空いているところに、好きな色でチョウチョを描きましょう。卵とは違う色にしてください。

## 行動観察（身体表現）（男子）

次のようなあらすじの紙芝居をみんなで聴く。

「小さい雲が迷子になり、空高く上がっていく途中でウサギの形になったり、ヒツジの形になったり、飛行機の形になったりしていると、そのうちに大きなお母さん雲が見えて、安心して元の雲の形に戻った」

・みんなで飛行機になりましょう。

・グループごとに好きなものを1つ決めて、それに変身しましょう。

## 行動観察（身体表現）（女子）

・「ドレミの歌」に合わせて踊りましょう。「ド」と「レ」のところは先生が教える踊りを覚えて一緒に踊りましょう。「ミ」から先は、グループのお友達とどのような踊りにするか相談して決めて踊りましょう。

## 自由遊び（男女共通）

トランプ、輪投げ、ボウリング、すごろくなど、用意されているもので自由に遊ぶ。

## 行動観察（男女共通）

静かに映像を鑑賞する。

## 言語・発表力（男子）

床に横1列に体操座りをして待ち、自分の番が来たら立ってお話をする。

・小学校に入ってやりたいことは何ですか。

・どんな本が好きですか。どうしてその本が好きなのですか。

・幼稚園（保育園）のお友達の好きなところはどのようなところですか。

## 言語・発表力（女子）

床に横1列に体操座りをして待ち、自分の番が来たら立ってお話をする。

・幼稚園（保育園）で気をつけていることは何ですか。

・好きな遊びは何ですか。どうしてその遊びが好きなのですか。

・お母さんとどのようなお約束をしていますか。

# 保護者面接

## 父　親

・本校をどのように理解されていますか。ご家庭での教育方針と併せて志望理由もお聞かせください。

・本校にいらしたことはありますか。そのときの感想をお聞かせください。

・どのようなお仕事をなさっていますか。

・お子さんとはどのようなかかわり方をされていますか。

・お休みの日はどのように過ごされますか。

・お子さんをしかることはありますか。それは、どのようなときですか。

・本校でお子さんのどういった点を伸ばしたいですか。

・今日、お子さんはどうなさっていますか。

・通学経路について、遠方ですが大丈夫ですか。乗り換えがありますが、大丈夫ですか。

**母　親**

・本校の見学会はいかがでしたか。

・どのようなお子さんですか。

・お子さんにはどのように育ってほしいとお考えですか。

・お子さんの伸ばしたい点、直したい点を教えてください。

・子育てやしつけで大切になさっていることは何ですか。

・お子さんをどのようなときにほめ、しかりますか。

・お子さんのよいところを教えてください。

・お子さんが成長したと思うことをお聞かせください。

・お子さんが今、興味のあることは何ですか。

・お子さんに、どのようなお手伝いをさせていますか。

・働いていらっしゃいますが、病気のときなどのお迎えはどうなさいますか。学校に来ていただく機会が多いですが、大丈夫ですか。

**面接資料／アンケート**　願書提出時に保護者面談資料（面接資料）を提出する。

・家庭状況（氏名、年齢など。父母、本人を含む）。

・志望動機。

・志望者側から学園に伝えたいことや質問。

**1**

**2**

**3**

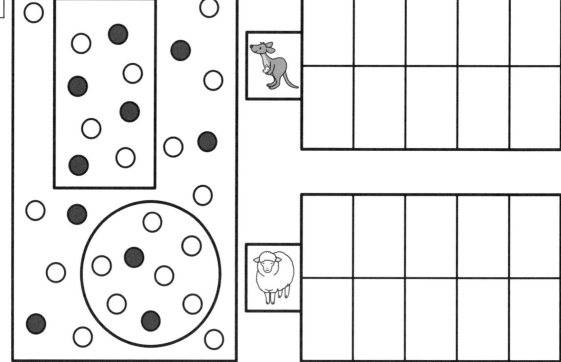

**4**

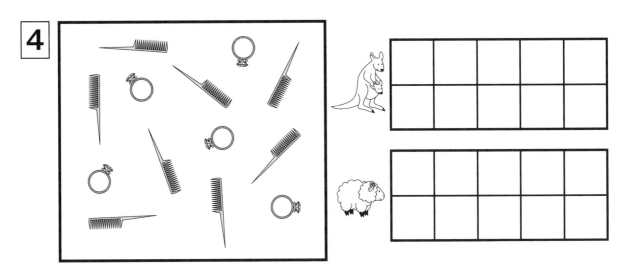

**5**

**6**

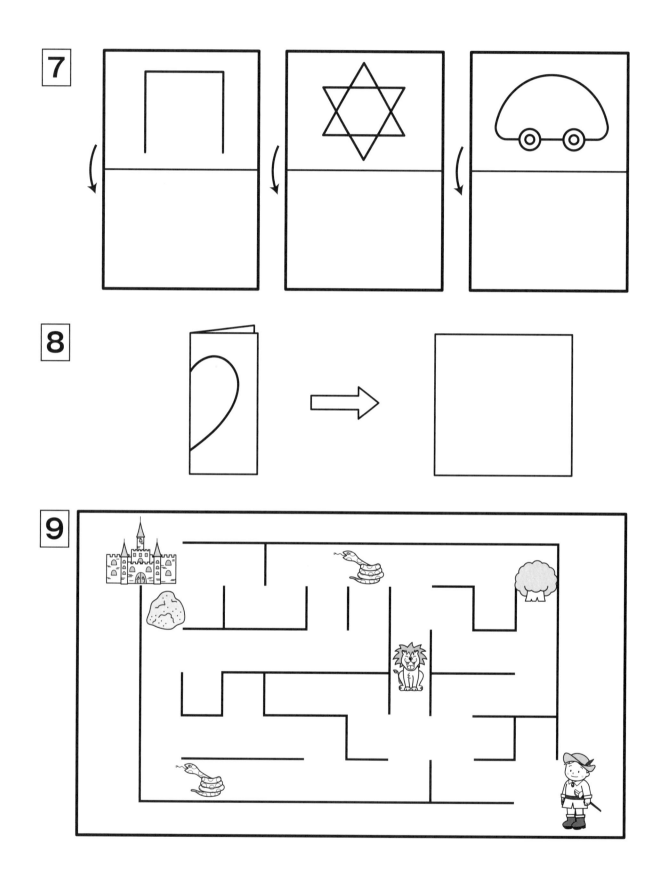

**10**

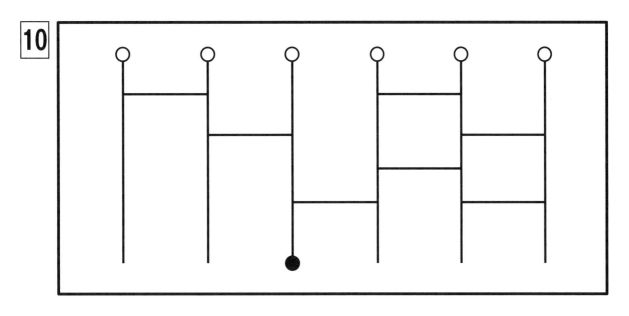

**11**

**12**

**13**

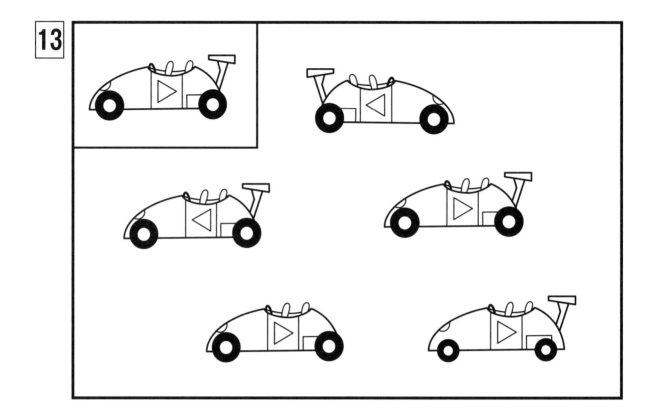

**14**

**15** 〈台紙〉

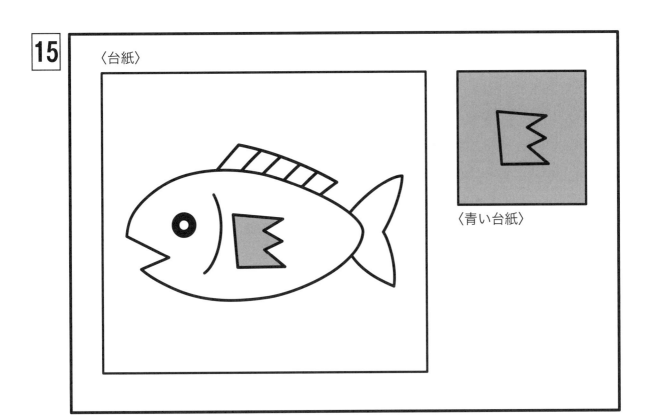

〈青い台紙〉

**16** 〈台紙〉

〈オレンジ色の台紙〉

# 2019 森村学園初等部入試問題

## ■ 選抜方法

考査は2日間のうち1日で、1日目に女子、2日目に男子を行う。男女とも生年月日順に20人前後のグループに分かれて、ペーパーテスト、集団テスト、運動テストを行う。所要時間は2時間～2時間30分。考査日前の指定日時に保護者面接がある。

## ■ ペーパーテスト ▎ 筆記用具は黒のクーピーペンを使用し、訂正方法は ＝（横2本線）。出題方法は話の記憶のみ音声で、ほかは口頭。

### 1 話の記憶（女子）

「イヌのポチとラッキーは仲よしのお友達です。2匹はどこに行くのも一緒です。耳としっぽが黒いのがポチで、全身が白くてまるでシロクマのように見えるのがラッキーです。今日は、2匹で海に遊びに来ました。浜辺にテントを張り、テーブルといすを並べてから、一緒に貝殻探しを始めました。ポチは貝殻をたくさん拾うことができたので、ラッキーに『どうぞ』と貝殻を少し分けてあげました。すると、ラッキーがお礼にヒトデをくれました。ポチは『ヒトデって、まるで星の石みたいだな』と思いました。ポチは、もらったヒトデをテントの入口に飾りました。貝殻探しの後は、波を追いかけて遊びました。波打ち際で魚が2匹跳ねたので、捕まえようと思って近づいていくと、1匹のヤドカリを見つけました。ヤドカリが新しいお家を探しているようなので、ポチは水玉模様の貝殻をヤドカリの近くに置いてあげました。すると、ヤドカリは背中に背負った細長い貝殻から出て、ポチが置いた水玉模様の貝殻を新しいお家にしました。そのうちに、海が夕日でオレンジ色に光り始めました。2匹は貝殻を1つずつ持って、お家に帰りました」

・ポチはどんなイヌでしたか。1段目から選んで○をつけましょう。

・ラッキーはどんなイヌでしたか。2段目から選んで○をつけましょう。

・ポチとラッキーは、海に着いた後でまず何をしましたか。3段目の絵から選んで○をつけましょう。

・ポチが貝殻をあげたお礼に、ラッキーがくれたものは何ですか。4段目から選んで○をつけましょう。

・5段目です。ヤドカリの新しいお家になった貝殻に○、初めに背中に背負っていた貝殻に△をつけましょう。

### 2 話の記憶（男子）

「かんた君は毎年夏休みになると、おじいちゃんとおばあちゃんのお家に行きます。今年は、お兄ちゃんとかんた君の子どもたちだけで行くことになっていました。ところが、お兄ちゃんは野球の大会に出るために毎日練習で忙しく、一緒に行くことができなくなってしまいました。『かんた、1人で飛行機に乗って、おじいちゃんたちのところに行ってみるか？』とお父さんに聞かれ、かんた君は『うん。僕、1人で行く』と答えました。出発の朝、かんた君はドキドキしながら、お父さん、お母さん、お兄ちゃんと一緒に空港行きのバスの停留所に向かいました。お兄ちゃんとお母さんとは、ここでお別れです。かんた君は『行ってきます』と元気に言おうとしましたが、寂しくて少し涙がこぼれてしまいました。バスに乗って空港に着くと、お父さんが『途中でおなかがすいたら食べるんだよ』と言ってチョコレートとリンゴジュースを買ってくれました。かんた君は、星のマークのついた四角いリュックサックにそれを入れました。空港のお姉さんが、『困ったことがあったら、なんでも言ってね』と優しく声をかけくれたので、かんた君は少しほっとして、お父さんにニッコリ笑顔で手を振って飛行機に乗りました。窓から景色を見ているうちに、飛行機はあっという間におじいちゃんたちの住む街の空港に着きました。空港まで迎えに来てくれたおじいちゃんと一緒に、歩いておじいちゃんのお家まで行きました。それからは、おじいちゃんとおばあちゃんと一緒に畑に行って野菜を採ったり、花火をしたり、川遊びをしたり、楽しいことを毎日たくさんしました。あっという間に帰る日になり、お母さんがおじいちゃんのお家まで迎えに来てくれました。『かんた、寂しくなかった？』『うん、毎日とても楽しかったよ』。帰りの飛行機の中では、おじいちゃんたちと一緒にしたことをお母さんにたくさんお話ししました。お土産に持って帰ったジャガイモはお味噌汁にして、トウモロコシは焼いて、みんなでおいしくいただきました」

・1段目です。お父さんが空港で買ってくれたものに○をつけましょう。
・2段目です。かんた君がおじいちゃんのお家に着くまでに乗った乗り物全部に○をつけましょう。
・3段目です。かんた君が持って行ったリュックサックに○をつけましょう。
・4段目です。かんた君がバスの停留所でお母さんたちに手を振ったときの顔に○、空港でお父さんに手を振ったときの顔に△をつけましょう。
・5段目です。かんた君のお兄さんは、なぜかんた君と一緒におじいちゃんたちのお家に行けなかったのですか。その理由に合う絵に○をつけましょう。
・かんた君は何人家族ですか。その数だけ、男の子の顔の横のマス目に1つずつ○をかきましょう。

3 **数量（女子）**

・左の四角にあるイチゴとバナナはいくつ違いますか。その数だけ、ハリネズミの横のマス目に1つずつ○をかきましょう。

・左の四角にあるリンゴとイチゴを合わせるといくつですか。その数だけ、コウモリの横のマス目に１つずつ○をかきましょう。

・左の四角の中のリンゴをサルが３つ食べると、残りはいくつになりますか。その数だけ、ヒツジの横のマス目に１つずつ○をかきましょう。

・左の四角にあるリンゴをサルとウサギ１匹ずつで同じ数ずつ分けると、１匹がもらえるリンゴはいくつですか。その数だけ、ハムスターの横のマス目に１つずつ○をかきましょう。

### 4 数量（男子）

・左の四角にチョウチョは全部で何匹いますか。その数だけ、ハリネズミの横のマス目に１つずつ○をかきましょう。

・左の四角にいるカブトムシとチョウチョは何匹違いますか。その数だけ、コウモリの横のマス目に１つずつ○をかきましょう。

・左の四角にいるセミとカブトムシは何匹違いますか。その数だけ、ヒツジの横のマス目に１つずつ○をかきましょう。

・左の四角にいるセミが、４匹どこかへ飛んでいきました。セミは何匹になりましたか。その数だけ、ヤギの横のマス目に１つずつ○をかきましょう。

### 5 推理・思考（重さ比べ）（女子）

・シーソーで重さ比べをしました。２番目に軽いものに○をつけましょう。○は、下の四角につけてください。

### 6 推理・思考（重さ比べ）（男子）

・シーソーで重さ比べをしました。２番目に重いものに○をつけましょう。○は、下の四角につけてください。

### 7 常識（数詞）（女子）

・同じ数え方をするものを左と右から選んで、点と点を線で結びましょう。

### 8 常識（数詞）（男子）

・同じ数え方をするものを左と右から選んで、点と点を線で結びましょう。

### 9 推理・思考（対称図形）（女子）

・上のお手本のように折った折り紙の黒いところを切り取って開くと、どのようになりますか。正しいものを下から選んで○をつけましょう。

### 10 点図形（男子）

・上のお手本を黒い線でパタンと下に倒すと、どのようになりますか。下にかきましょう。

## ■ 集団テスト ■

### 11 絵画・制作・生活習慣（女子）

スモックを着用して行う。ネコの顔が描かれた台紙、ネコの服が描かれた台紙、クレヨン、液体のり、はさみが用意されている。スモックは制作の活動が終わったら脱ぎ、たたんで返す。

・ネコの服をはさみで切り取って、上の四角いところがネコの首の部分にピッタリ合うように顔の台紙に貼りましょう。ネコの顔にある線の下に鼻と口を描き、黒い模様がない方の耳にクレヨンで好きな色を塗ってください。ネコができたら、周りの空いているところにネコのお友達の動物をクレヨンで描きましょう。

### 12 絵画・制作・生活習慣（男子）

スモックを着用して行う。宝箱のふたが描かれた青い台紙、宝箱の箱の部分が描かれた白い台紙、クレヨン、液体のり、はさみが用意されている。スモックは制作の活動が終わったら脱ぎ、たたんで返す。

・青い台紙の線をはさみで切り取り、真ん中の点線で折って宝箱のふたにします。ふたと白い台紙の星同士がピッタリ重なるように、ふたを白い台紙の点線に合わせてのりで貼りましょう。宝箱のひし形や丸の模様に、クレヨンで好きな色を塗ってください。宝箱ができたら、その周りに自分の宝物をクレヨンでたくさん描きましょう。

### 🖥 共同制作（お弁当作り）（女子）

4、5人のグループに分かれて行う。レジャーシートの上に新聞紙、画用紙、色上質紙、クレヨン、液体のり、セロハンテープ、はさみが用意されている。

・画用紙を使って、みんなでお弁当箱を作りましょう。お弁当箱には模様を描いてもよいですよ。お弁当箱ができたら、中に入れる食べ物をそのほかの紙を使ってみんなで作りましょう。

### 🖥 共同制作（町づくり）（男子）

4、5人のグループに分かれて行う。レジャーシートの上に模造紙（駅が2つと線路が一部すでに作ってある）、色画用紙、ストロー、クレヨン、セロハンテープ、はさみが用意されている。

・駅をあともう１つ作って、３つの駅をつなぐ線路をみんなで作りましょう。駅は色画用紙で、線路はストローをセロハンテープで貼って作りましょう。

### ■ 自由遊び（男女共通）

トランプ、輪投げ、ボウリング、すごろくなどで自由に遊ぶ。

### ■ 行動観察（男女共通）

静かに映像を鑑賞する。

### ■ 言語・発表力（女子）

床に横１列に体操座りをして待ち、自分の番が来たら立ってお話をする。
・お母さんにあげたいものは何ですか。
・好きな季節はいつですか。
・幼稚園（保育園）でする好きな遊びは何ですか。

### ■ 言語・発表力（男子）

床に横１列に体操座りをして待ち、自分の番が来たら立ってお話をする。
・お家でのお約束は何ですか。
・お家で一番大切にしているものは何ですか。
・お手伝いは何をしていますか。

## 運動テスト

### ■ 片足バランス

テスターの指示通りに片足バランスをする。

### ■ クマ歩き

テスターの指示通りにクマ歩きをする。

### ■ かけっこ

走ってコーンの周りを回り、戻ってくる。

## 保護者面接

## 父　親

- 本校をどのように理解されていますか。ご家庭での教育方針と併せて志望理由もお聞かせください。
- 本校にいらしたことはありますか。感想をお聞かせください。
- どのようなお仕事をなさっていますか。
- お子さんとはどのようなかかわり方をされていますか。
- お休みの日はどのように過ごされますか。
- お子さんをしかることはありますか。それは、どのようなときですか。
- 今日、お子さんはどうなさっていますか。
- 本校でお子さんのどのような点を伸ばしたいですか。
- 通学経路について、遠方ですが大丈夫ですか。乗り換えがありますが、大丈夫ですか。

## 母　親

- 本校の見学会はいかがでしたか。
- どのようなお子さんですか。
- お子さんの興味のあることは何ですか。
- お子さんにはどのように育ってほしいとお考えですか。
- お子さんをどのようなときにほめ、しかりますか。
- お子さんのよいところを教えてください。
- お子さんの伸ばしたい点、直したい点を教えてください。
- お子さんが成長したと思うことをお聞かせください。
- お子さんにはどのようなお手伝いをさせていますか。
- 子育てで大切になさっていることは何ですか。
- 働いていらっしゃいますが、病気のときなどのお迎えはどうなさいますか。学校に来ていただく機会は多いですが、大丈夫ですか。

## 面接資料／アンケート　願書提出時に保護者面談資料（面接資料）を提出する。

- 家庭状況（氏名、年齢など。父母、本人を含む）。
- 志望動機。
- 志望者側から学園に伝えたいことや質問。

1

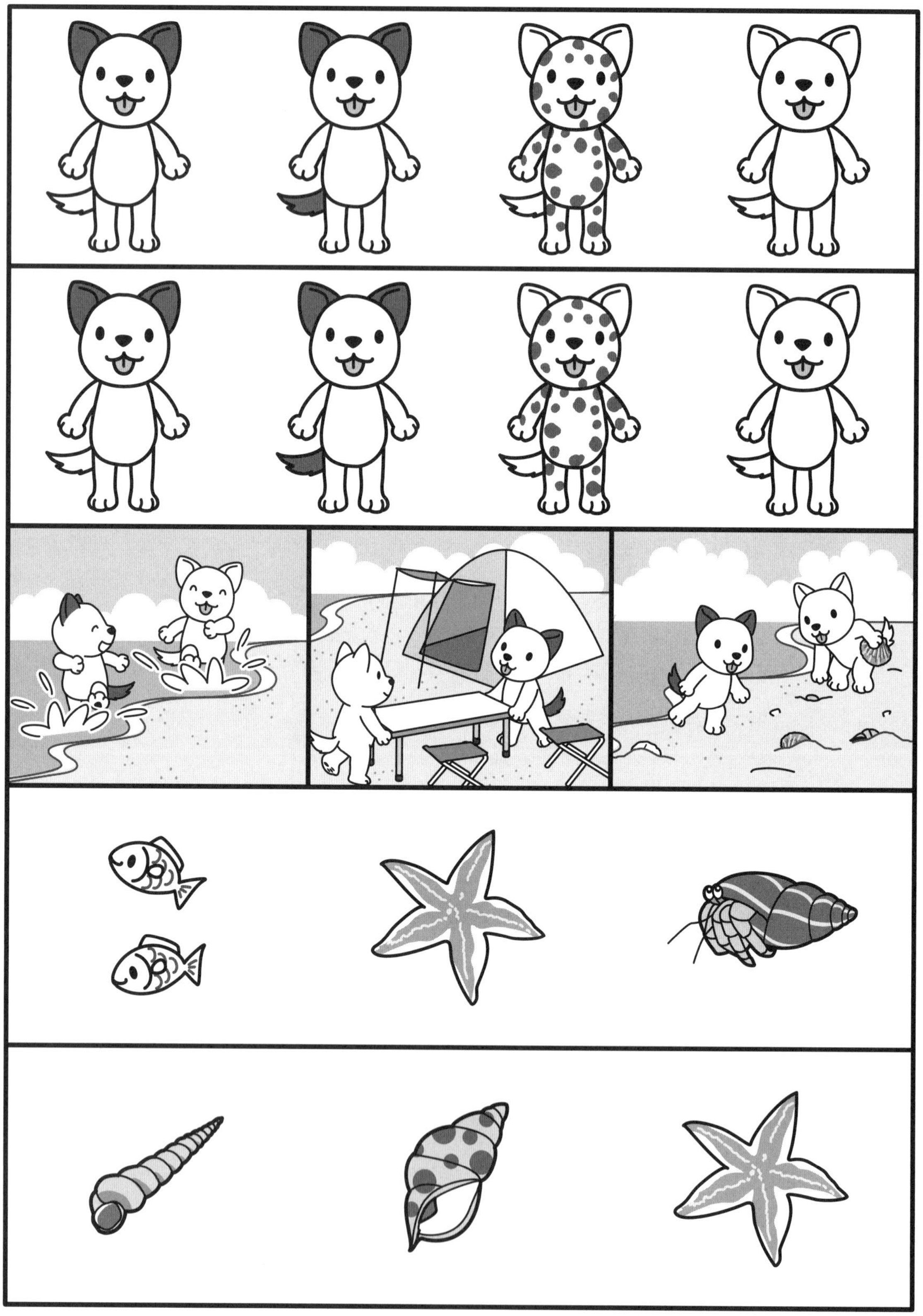

**2**

**3**

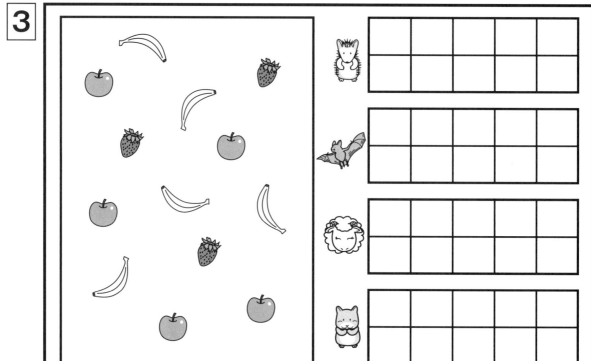

**4**

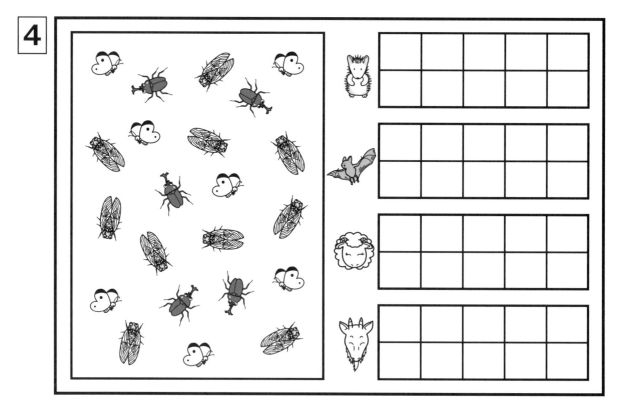

**5**

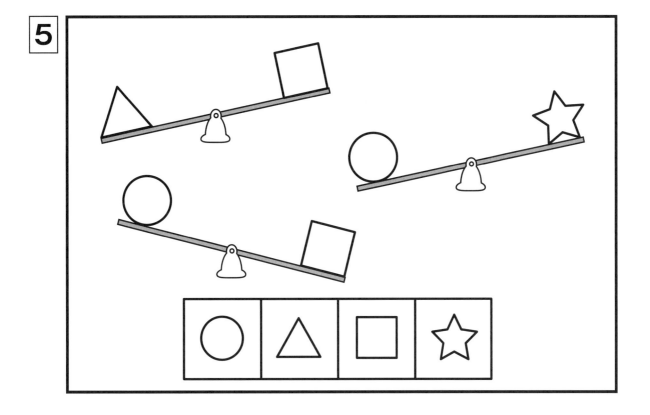

**6**

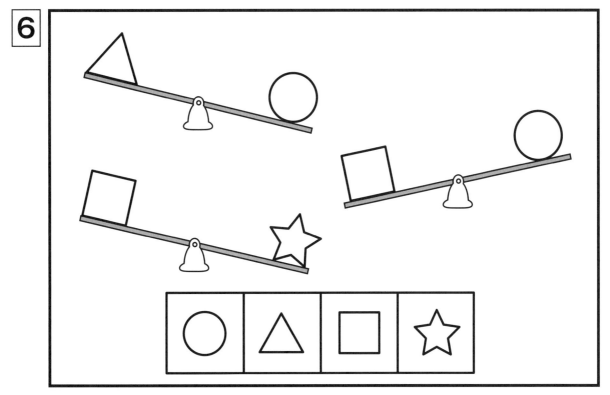

**7**

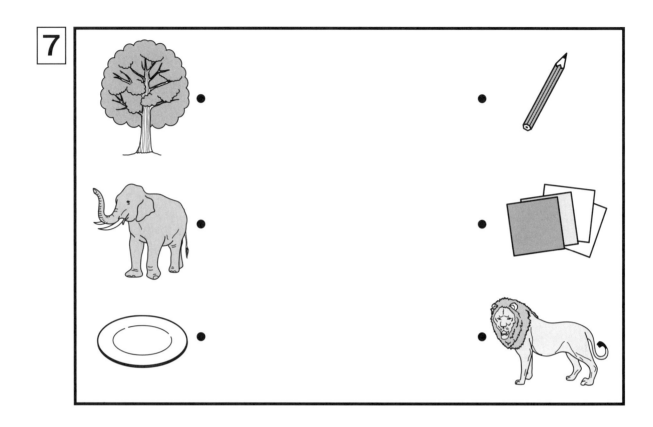

**8**

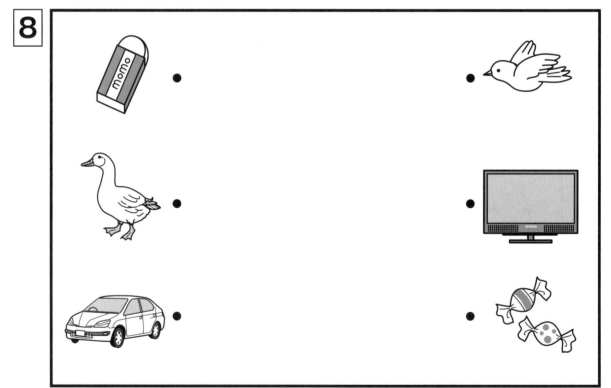

**9**

**10**

**11** 〈ネコの顔の台紙〉

こちらの耳だけ
好きな色で塗る

この線の下に口と鼻を描く

周りの線を切って
ここにのりを塗り、
ネコの顔の台紙にある
点線に合わせて貼る

〈ネコの服の台紙〉

空いているところ（ネコの隣）に
お友達の動物を描く

**12**

空いているところ（宝箱の周り）に
自分の宝物をたくさん描く

周りの黒い線のところを切る

〈青い台紙〉

〈白い台紙〉

星同士が重なるよう点線に合わせて
ふたを貼る

点線のところを折る

好きな色で塗る

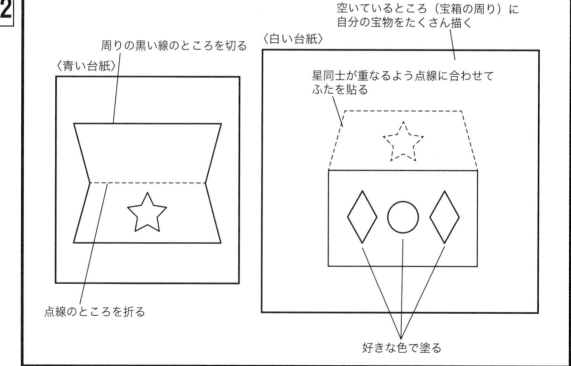

# 森村学園初等部
# 入試シミュレーション

# 森村学園初等部入試シミュレーション

## 1 数　量

- 一番上の四角の中で同じ数なのは、どの形のケーキですか。同じ形のケーキを2段目の四角から探して○をつけましょう。
- 真四角のケーキと丸のケーキを合わせるといくつになりますか。その数だけ、3段目の右の四角に○をかきましょう。
- 1枚のお皿に、丸のケーキ、真四角のケーキは1つずつ、三角のケーキと長四角のケーキは2つずつのせようと思います。4枚のお皿にこのようにのせるとすると、上のケーキでは足りません。それぞれのケーキがあといくつあったらよいか、その数だけ、ケーキの形を一番下のお皿の横の四角にかきましょう。

## 2 数　量

- 上の段です。黒く塗られた場所が一番広いものに○をつけましょう。
- サイコロの目とトランプの数字が合わせて「7」になるように、点と点を線で結びましょう。

## 3 構　成

- 左端の絵にピッタリ合わせると、丸や三角やひし形や真四角になる形を、右から選んでそれぞれ○をつけましょう。

## 4 構　成

- 右の形を組み合わせてできる形を左から選んで、点と点を線で結びましょう。

## 5 常　識

- 上の花と真ん中の種や球根、下の葉っぱが正しい組み合わせになるように、それぞれの段から選んで点と点を線で結びましょう。

## 6 常　識

- 上の段です。上の生き物の卵や幼虫を下から選んで、点と点を線で結びましょう。
- 下の段です。役割は同じでも形や使い方の違うもの同士の点と点を線で結びましょう。

## 7 常　識

- 上の5段です。左の昔話に出てくるものを、右から選んで○をつけましょう。
- 下の1段目です。赤と黄色の色水を混ぜると何色になりますか。同じ色の果物に○をつ

けましょう。

・下の２段目です。白と赤の色水を混ぜると何色になりますか。同じ色の果物に○をつけましょう。

・下の３段目です。青と黄色の色水を混ぜると何色になりますか。同じ色の野菜に○をつけましょう。

## 8 位　置

・上から３階目の右から２番目にいる動物を探して、下の長四角の１段目に○をつけましょう。

・一番上の階の左端にいる動物を探して、下の長四角の２段目に○をつけましょう。

・下から２階目の右から４番目にいる動物を探して、下の長四角の３段目に○をつけましょう。

・上から２階目の左から４番目にいる動物を探して、下の長四角の４段目に○をつけましょう。

## 9 数量（マジックボックス）

・上のお手本のように、不思議なお家を通るとヒヨコが増えたり減ったりします。では、それぞれの段の左端のヒヨコが不思議なお家を通ったとき、ヒヨコは何羽になりますか。四角の中にその数だけ○をかきましょう。

## 10 推理・思考（重さ比べ）

・一番重いものに○、一番軽いものに×をつけましょう。印は右の絵につけてください。

## 11 推理・思考（重さ比べ）

・２番目に重いものに○をつけましょう。印は右の絵につけてください。

## 12 模　写

・左のお手本と同じように右側に描きましょう。

## 13 常　識

・上の段です。上と下の絵で、同じ方向から風の吹いているもの同士の点と点を線で結びましょう。

・下の段です。アサガオの双葉が出ています。お天気と水やりの組み合わせと成長したアサガオが正しい組み合わせになるように、点と点を線で結びましょう。

## 14 常　識（交通道徳）

・電車の中、駅のホームの絵を見てよくないと思う人に×をつけましょう。

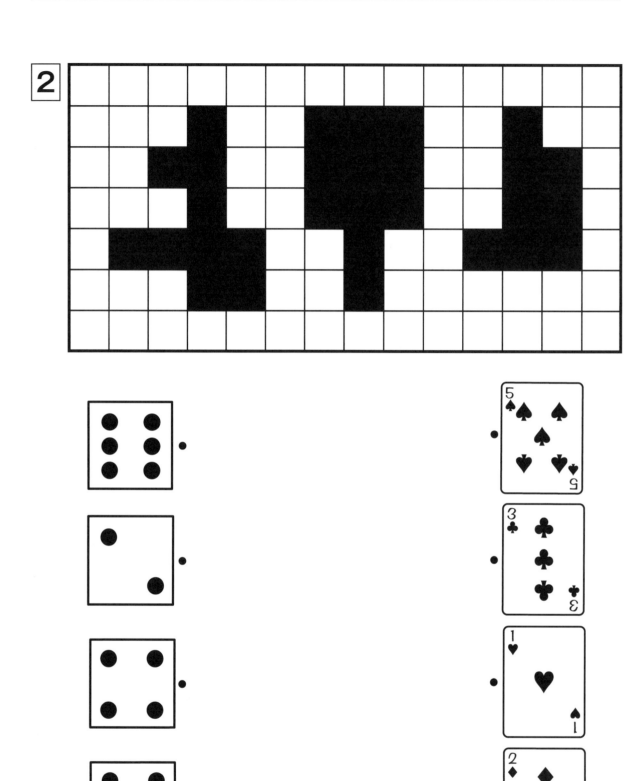

**3**

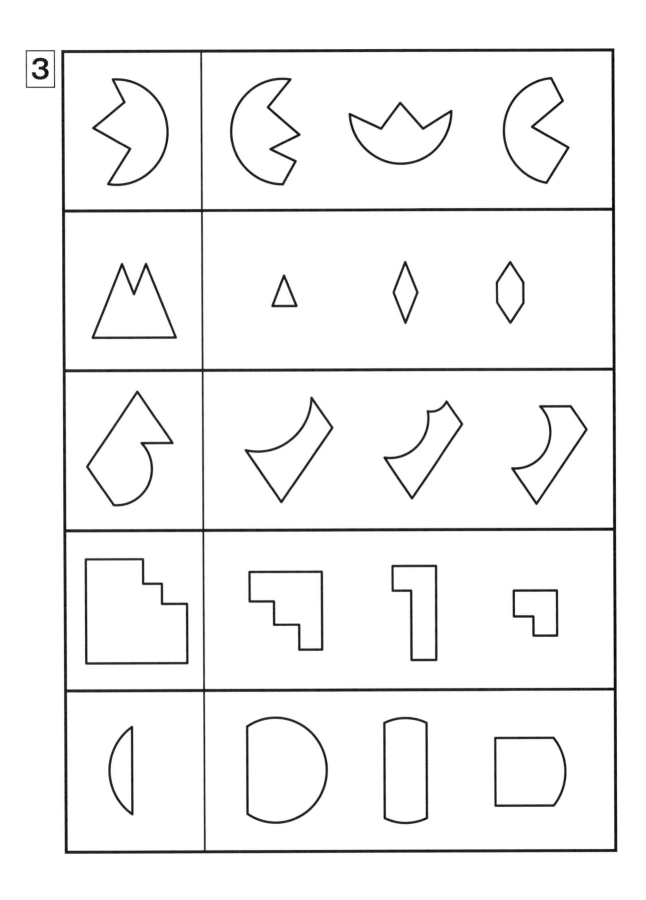

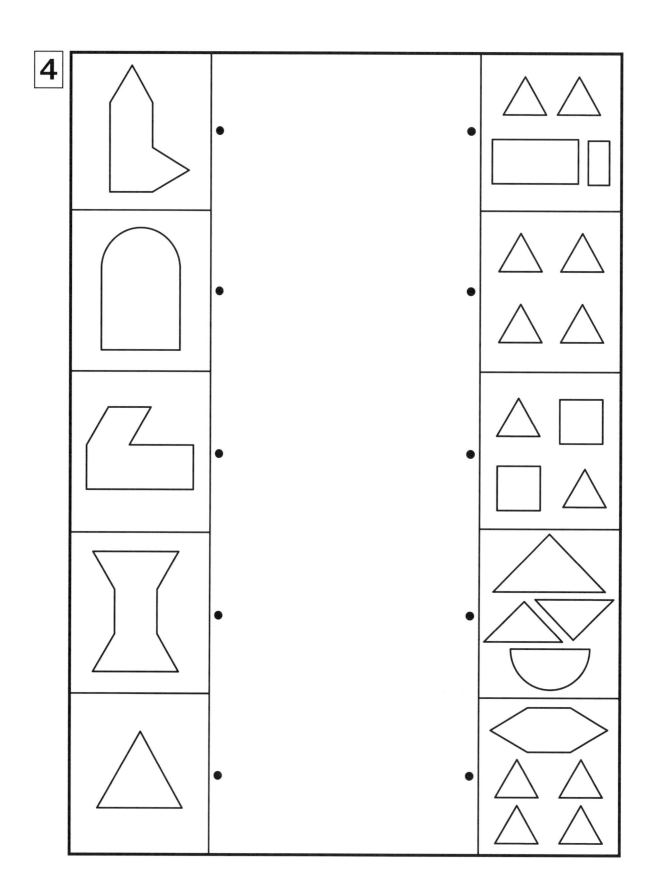

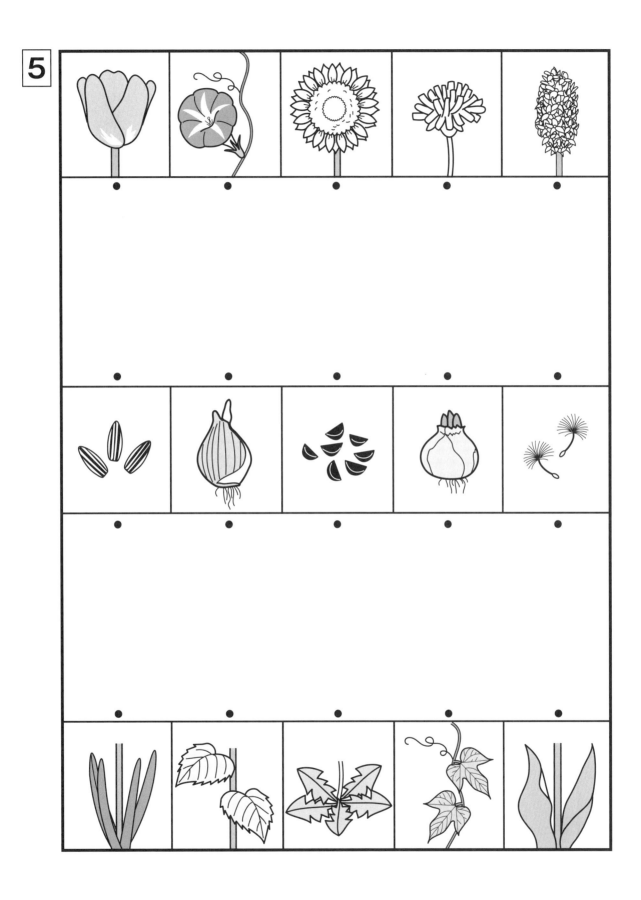

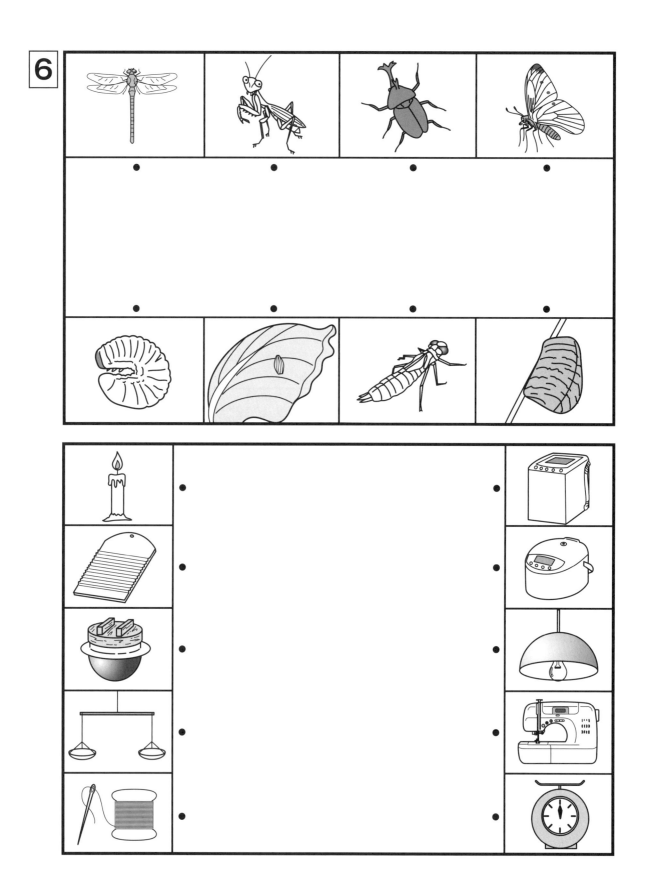

**8**

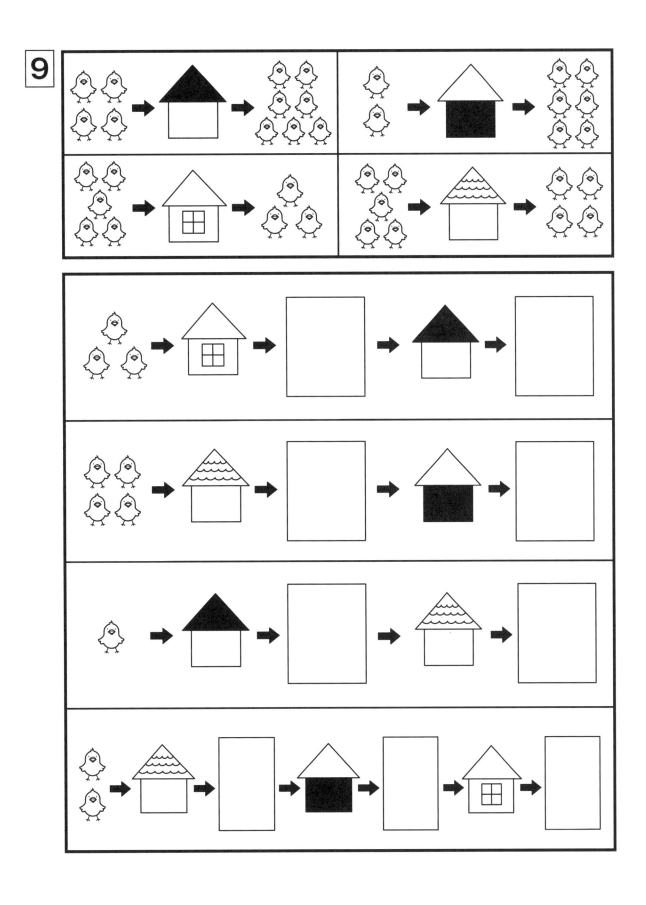

**10**

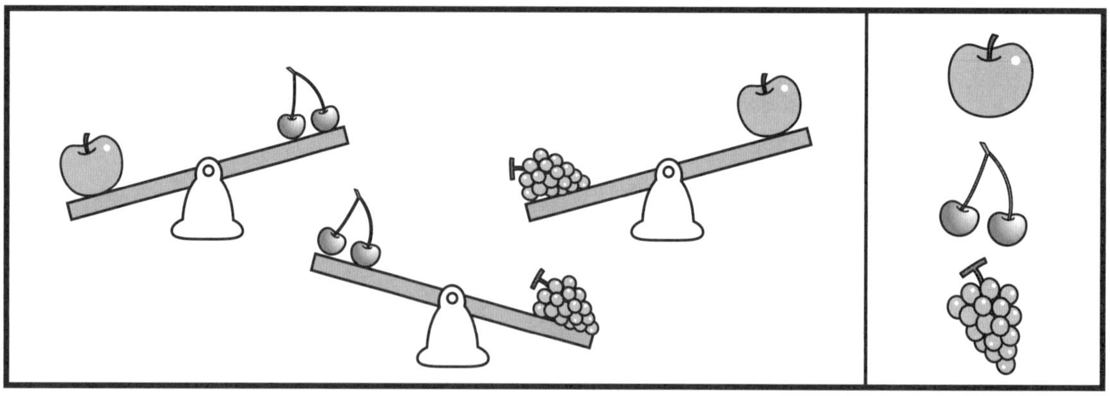

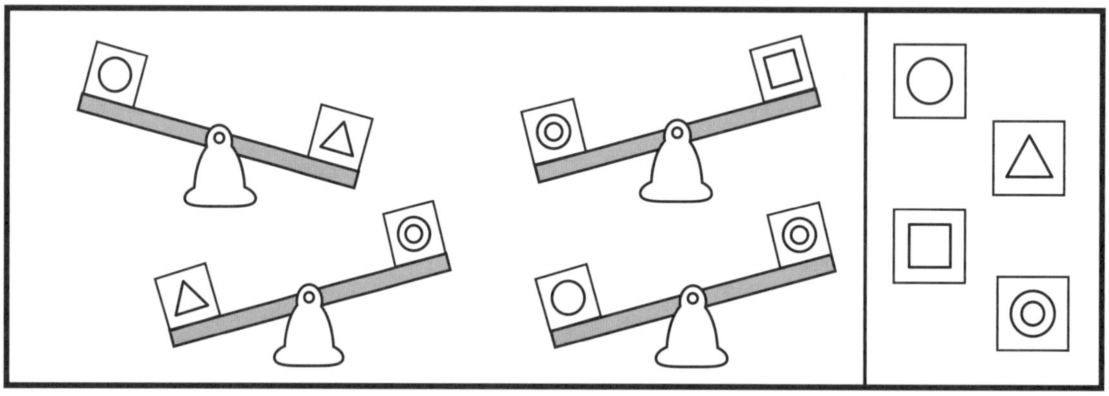

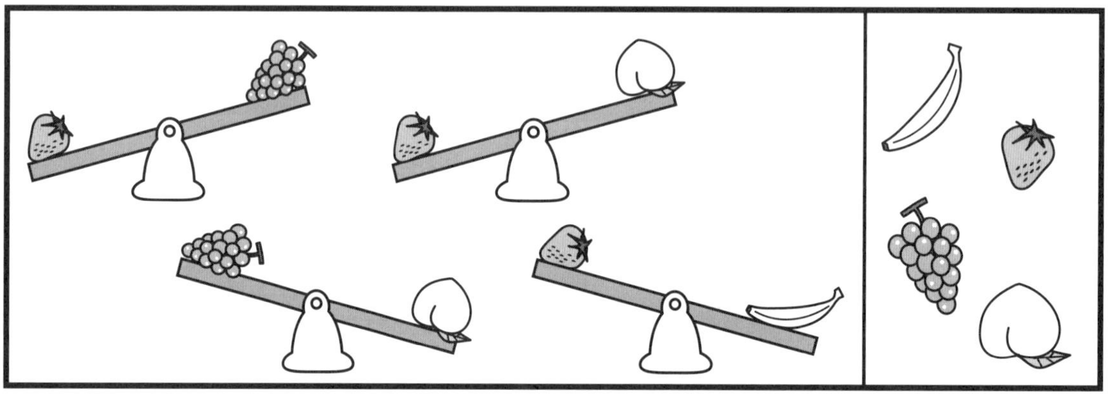

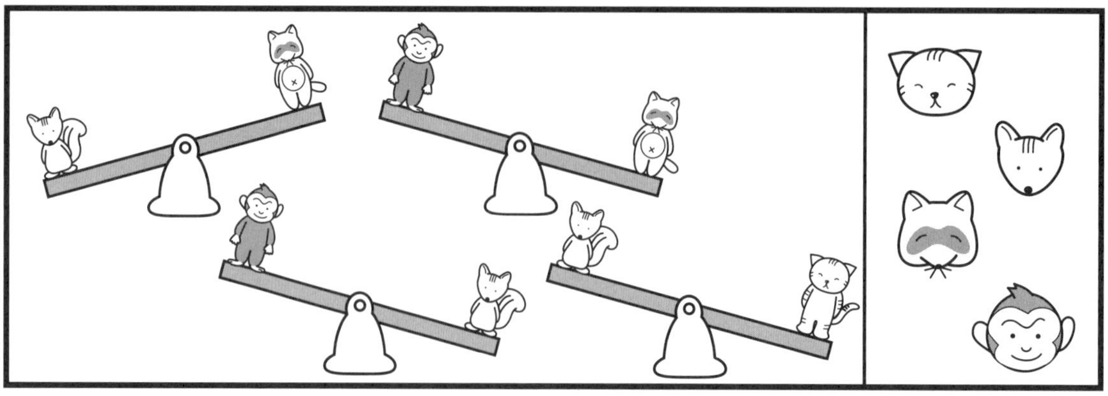

**11**

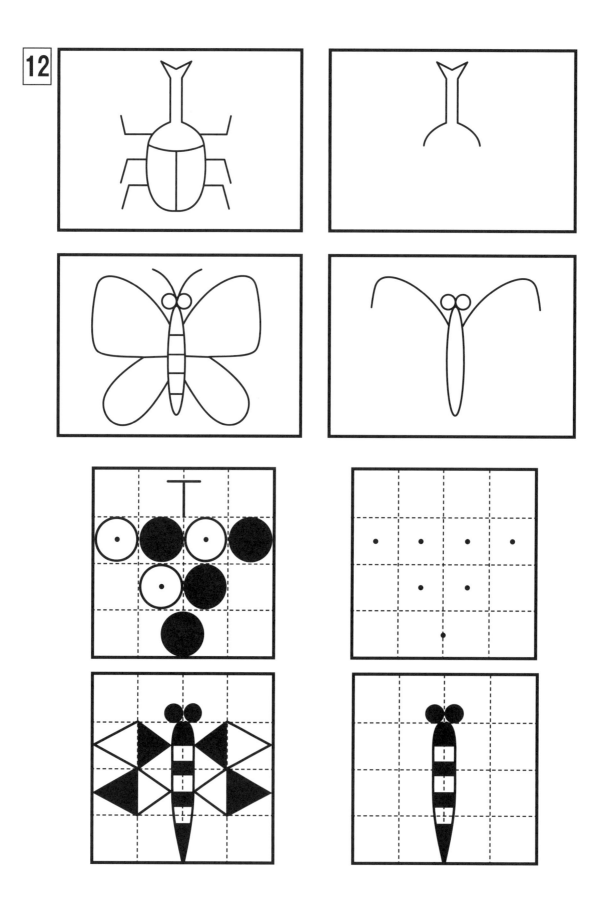

**13**

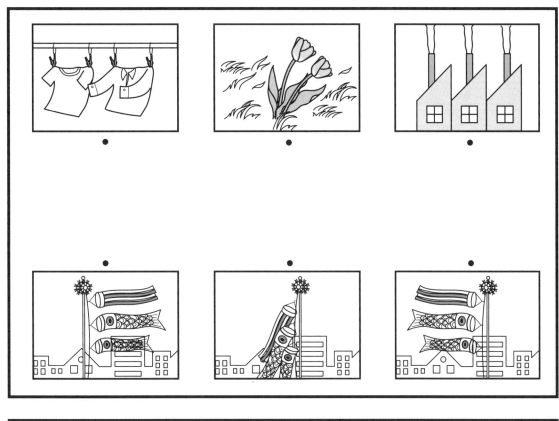

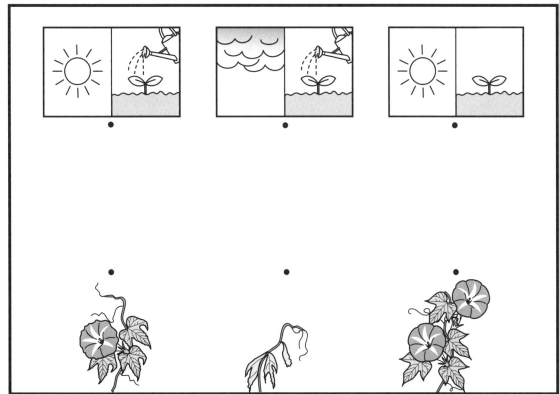

［過去問］

# 2024
# カリタス小学校
# 入試問題集

・問題内容についてはできる限り正確な調査分析をしていますが、入試を実際に受けたお子さんの記憶に
基づいていますので、多少不明瞭な点はご了承ください。

 Shinga-kai

# カリタス小学校
# 過去10年間の入試問題分析
# 出題傾向とその対策

## 2023年傾向

考査はペーパーテスト、個別テスト、集団テストで、ペーパーテストでは話の記憶、数量、推理・思考、常識などに加え、今年度は言語、模写も出題されました。個別テストではプレート構成、集団テストでは制作や集団ゲームが行われました。考査日前に親子面接が実施され、面接中に音読とお話作りの個別課題がありました。

## 傾　向

考査は1日で、ペーパーテスト、個別テスト、集団テストが行われ、2022、2023年度はありませんでしたが、近年は運動テストも実施されています。拘束時間が2時間以上と長いこと、またクレヨン、つぼのり、セロハンテープ、はさみ、新聞紙など使用するものを持参することが特徴です。ペーパーテストでは、話の記憶、数量、推理・思考、常識、観察力、系列完成など、幅広い分野から出題されています。話の記憶は登場人物やそれに付随する内容が多いので、情景を思い描きながらお話を聞く力が必要です。常識では季節のほかに、道徳が問われる課題、仲間分け・探しが頻出しています。個別テストは毎年、プレートを使った枠はめ構成が出題されています。集団テストでは、簡単な制作や、ルールのあるゲームの中でお友達とのかかわり方や指示の理解などを総合的に見る課題がほぼ毎年出されています。そのほかでは、ペーパーテストの模写や集団テストの制作を通して、筆記用具の扱いや運筆を見られています。また、ひらがなによる文章の音読は、集団テストまたは面接の中で毎年出されている特徴的な課題です。親子面接は、初めに子どもが面接官の前に座って親は後ろの席で待ち、子どもが質問に答えた後、子どもと親が席を交代する形式で行われます。子どもには、名前や好きな本、両親についてなどの一般的な質問のほかに、4枚の絵を見せて途中まで先生がお話を作り、その続きを子どもに作らせるお話作りの個別課題も毎年あります。2019年度には布で隠されたものを上から触ってそれが何か考えて答えたり、隠されていた野菜を見てそれを使って作れる料理を答えたりする課題が出されました。親には、学校の印象、受験の決め手となったもの、入学後の学校行事への参加の可否などのほか、説明会や行事へ

の参加の有無や感想がよく聞かれています。学校の教育方針に対する理解や、志望の熱意を確認しているといえます。また、親が「自己紹介」という形で職業や趣味などを自由に話す形式も特徴的です。

# 対 策

ペーパーテストの話の記憶で情景を思い描きながらお話を聞く力を育てるには、まずお話を聞くことが好きになるよう、日常から読み聞かせの機会を増やすことが大切です。お話が終わったら「どんな動物が出てきたかな？」「その動物は何をしたかな？」などと問いかけ、内容を口頭で答えられるようにしましょう。お話の情景や面白いと思ったことを絵に描いてみるのも、イメージを広げ、内容を深く理解することに役立ちます。常識の対策として、まずは日常生活の中で、季節の移り変わりやお手伝いなどを通じ、さまざまなことに興味を持たせましょう。また、似ているところや違うところに気づかせるような問いかけなどをし、仲間探しの考え方を身につけていきましょう。そのうえで、プリントを使って知識の定着を図ってください。公衆道徳の課題では、日ごろから親がどのようなことに気をつけて生活しているかが如実に表れます。「いけません」としかるだけでなく、なぜいけないのか、年齢に合わせてわかりやすく伝えることが大切です。親がお手本を示しながら、道徳的に正しい判断が身につくようにしていきましょう。特に、公共の乗り物の中などでの判断力は、周囲への配慮や安全を守るためにも必要です。さまざまな状況に対応できるよう、日ごろから意識を持たせましょう。個別テストでは、プレートを使った構成が必須課題です。枠はめ構成などの実際に手を動かす課題に対応するために、積み木やブロック、パズルなどを使い、さまざまな形の特徴をとらえ、形の組み合わせを考えながら構成力を高めましょう。また、カリタス小学校ならではの出題として、ひらがなで表記された文章の音読があります。ひらがなの表を室内に貼ったり、絵本を用いたりして、一音一音はっきりと発音させながら文字を覚えるようにしていきましょう。そして、ものの名前の音と文字を丁寧に対応させ、文章を読むことにつなげましょう。さらに、自分の名前を書くことに挑戦させたり、同頭語や同尾語、しりとりとも関連づけをしたりしながら文字を教えていき、街で看板を見かけたら「読めるかな？」と促すなど、関心を引き出しながら楽しく取り組めるよう心掛けてください。また、考査では行動観察などの集団活動が多いのも特徴の１つです。集団の中でしっかりと指示を聞き、お友達と相談や確認をしながら活動できることが大切です。初めてのお友達とかかわる機会を積極的に設けてみてください。ご家庭でもお手伝いの前にお約束を必ず設定するなど、活動の前にきちんと指示を聞くような習慣を身につけていきましょう。親子面接では、親と少し離れたところで１人で先生と向き合います。そのためにも自立心を養うことが重要です。お子さんが自分で考え、それをほかの人に伝えようとする意識が大切であると踏まえ、お子さんから言葉を引き出すような対話をご家庭でも心掛けていきましょう。人とお話ししたり、自分の思いを伝えたりすることに自信を持てるようにしていくことが大切です。

# 年度別入試問題分析表

## 【カリタス小学校】

| | 2023 | 2022 | 2021 | 2020 | 2019 | 2018 | 2017 | 2016 | 2015 | 2014 |
|---|---|---|---|---|---|---|---|---|---|---|
| **ペーパーテスト** | | | | | | | | | | |
| 話 | ○ | ○ | ○ | ○ | ○ | ○ | ○ | ○ | ○ | ○ |
| 数量 | ○ | ○ | ○ | ○ | ○ | ○ | ○ | ○ | ○ | ○ |
| 観察力 | | | ○ | | | | | ○ | | ○ |
| 言語 | ○ | | | | | | | | | |
| 推理・思考 | ○ | ○ | ○ | ○ | | ○ | ○ | ○ | | |
| 構成力 | | | | | | | | | | |
| 記憶 | | | | | | | | | | |
| 常識 | ○ | ○ | ○ | ○ | ○ | ○ | ○ | ○ | | ○ |
| 位置・置換 | ○ | | | | | | | | | |
| 模写 | ○ | | | | | | | | | |
| 巧緻性 | | | | | | | | | | |
| 絵画・表現 | | | | | | | | | | |
| 系列完成 | ○ | | | | ○ | | | | | |
| **個別テスト** | | | | | | | | | | |
| 話 | | | | | | | | | | |
| 数量 | | | | | | | | | | |
| 観察力 | | | | | | | | | | |
| 言語 | | | | | | | | | | |
| 推理・思考 | | | | | | | | | ○ | |
| 構成力 | ○ | ○ | ○ | ○ | ○ | ○ | ○ | ○ | ○ | ○ |
| 記憶 | | | | | | | | | | |
| 常識 | | | | | | | | | | |
| 位置・置換 | | | | | | | | | | |
| 巧緻性 | | | | | | | | | | |
| 絵画・表現 | | | | | | | | | | |
| 系列完成 | | | | | | | | | | |
| 制作 | | | | | | | | | | |
| 行動観察 | | | | | | | | | | |
| 生活習慣 | | | | | | | | | | |
| **集団テスト** | | | | | | | | | | |
| 話 | | | | | | | | | | |
| 観察力 | | | | | | | | | | |
| 言語 | | | ○ | ○ | ○ | ○ | ○ | ○ | ○ | ○ |
| 常識 | | | | | | | | | | |
| 巧緻性 | | | | | | | | | | ○ |
| 絵画・表現 | | | | | | | | | | |
| 制作 | ○ | ○ | ○ | ○ | ○ | ○ | ○ | ○ | ○ | ○ |
| 行動観察 | | | | | | | ○ | | ○ | |
| 課題・自由遊び | | | | | | | | | | |
| 運動・ゲーム | ○ | ○ | ○ | ○ | ○ | ○ | ○ | ○ | ○ | ○ |
| 生活習慣 | | | | | | | | ○ | ○ | ○ |
| **運動テスト** | | | | | | | | | | |
| 基礎運動 | | | | ○ | ○ | | | | | |
| 指示行動 | | | | | | | | | | |
| 模倣体操 | | | | | | | | | | |
| リズム運動 | | | | | | ○ | | | | |
| ボール運動 | | | ○ | ○ | | ○ | | | | |
| 跳躍運動 | | | ○ | | | | ○ | | | |
| バランス運動 | | | | | | | | | | |
| 連続運動 | | | | | | | | ○ | | |
| **面接** | | | | | | | | | | |
| 親子面接 | ○ | ○ | ○ | ○ | ○ | ○ | ○ | ○ | ○ | ○ |
| 保護者(両親)面接 | | | | | | | | | | |
| 本人面接 | | | | | | | | | | |

※伸芽会教育研究所調査データ

# 小学校受験Check Sheet

　お子さんの受験を控えて、何かと不安を抱える保護者も多いかと思います。受験対策はしっかりやっていても、すべてをクリアしているとは思えないのが実状ではないでしょうか。そこで、このチェックシートをご用意しました。1つずつチェックをしながら、受験に向かっていってください。

## ✳ ペーパーテスト編

①お子さんは長い時間座っていることができますか。

②お子さんは長い話を根気よく聞くことができますか。

③お子さんはスムーズにプリントをめくったり、印をつけたりできますか。

④お子さんは机の上を散らかさずに作業ができますか。

## ✳ 個別テスト編

①お子さんは長時間立っていることができますか。

②お子さんはハキハキと大きい声で話せますか。

③お子さんは初対面の大人と話せますか。

④お子さんは自信を持ってテキパキと作業ができますか。

## ✳ 絵画、制作編

①お子さんは絵を描くのが好きですか。

②お家にお子さんの絵を飾っていますか。

③お子さんははさみやセロハンテープなどを使いこなせますか。

④お子さんはお家で空き箱や牛乳パックなどで制作をしたことがありますか。

## ✳ 行動観察編

①お子さんは初めて会ったお友達と話せますか。

②お子さんは集団の中でほかの子とかかわって遊べますか。

③お子さんは何もおもちゃがない状況で遊べますか。

④お子さんは順番を守れますか。

## ✳ 運動テスト編

①お子さんは運動をするときに意欲的ですか。

②お子さんは長い距離を歩いたことがありますか。

③お子さんはリズム感がありますか。

④お子さんはボール遊びが好きですか。

## ✳ 面接対策・子ども編

①お子さんは、ある程度の時間、きちんと座っていられますか。

②お子さんは返事が素直にできますか。

③お子さんはお父さま、お母さまと3人で行動することに慣れていますか。

④お子さんは単語でなく、文で話せますか。

## ✳ 面接対策・保護者（両親）編

①最近、ご家族での楽しい思い出がありますか。

②ご両親の教育方針は一致していますか。

③お父さまは、お子さんのお家での生活や幼稚園・保育園での生活をどれくらいご存じですか。

④最近タイムリーな話題、または昨今の子どもを取り巻く環境についてご両親で話をしていますか。

# section 2023 カリタス小学校入試問題

## ■ 選抜方法

考査は1日で、願書受付順にペーパーテスト、個別テスト、集団テストを行う。所要時間は約2時間30分。考査日前の指定日時に親子面接がある。

## ▌ペーパーテスト ▌ 筆記用具は鉛筆を使用し、訂正方法は // (斜め2本線)。出題方法は音声と口頭。

### 1 話の記憶

「キリンさん、キツネさん、ウサギさん、ヒツジさん、クマさん、リスさんが川へ遊びに出かけました。川に着いてみんなでボール遊びを始めましたが、ボールを持ったクマさんが川原の石に足をすべらせて転んでしまいました。『あいたた……』。ボールはクマさんの手から離れて水の上をプカプカ流されていきます。『どうしよう……』と困っていると、魚がボールを運んできてくれたので、クマさんは『お魚さん、ありがとう』とお礼を言いました。転んだときにクマさんのズボンがぬれてしまったので、乾かすために木の枝に干しました。乾くのを待ちながらみんなでお昼ごはんを食べ、その後、力を合わせてお家を作ることにしました。クマさんは力持ちなので、丸太を持ってきてお家の形に積み上げます。首が長いキリンさんは、木の高いところにある大きな葉っぱを採ってきて屋根にしました。ウサギさんはお花を摘んで、屋根に飾りつけをしました」

・お話に出てきた動物に○をつけましょう。
・動物たちはどんなものを使ってお家を作りましたか。お家を作った動物と、その動物が使ったものをそれぞれ選んで、点と点を線で結びましょう。

### 2 数 量

・上の積み木と同じ数の果物を下から選んで、点と点を線で結びましょう。

### 3 推理・思考 (重さ比べ)

・シーソーで重さ比べをしました。一番重いものに○をつけましょう。印は下の四角の中の絵につけてください。

### 4 言語 (しりとり)

・左上の二重四角のネコから始めて右下の二重丸のキツネまで、しりとりでできるだけ長

くつながるように、絵を線で結びましょう。

## 5 系列完成・置換

・いろいろな絵が決まりよく並んでいます。空いている四角に入る絵を右から選んで、フライパンは○、鉛筆は△、消しゴムは×の印をかきましょう。

## 6 常　識

・下の果物が育ったところを上から選んで、点と点を線で結びましょう。

## 7 模　写

※カラーで出題。絵の中の指示通りに丸に色を塗ってから行ってください。

・お手本と同じになるように、赤い点から青い点まで線を引きましょう。

## ▌個別テスト▌

## 8 構　成

お手本の台紙が配られる。机の中に、ビニール袋に入ったプラスチックのプレート（大きい直角三角形1枚、中くらいの直角三角形4枚、小さい直角三角形2枚、正方形1枚）が用意されている。

・プレートを袋から出して、お手本の台紙にピッタリ入るように置きましょう。

・終わったら、ビニール袋に片づけましょう。

## ▌集団テスト▌

## 9 制作（魚と釣りざお作り）

魚の絵が描かれた台紙、輪ゴム、片方の端にクリップが結びつけられたひもが用意されている。持参した新聞紙、セロハンテープ、はさみを使用する。

①台紙に描かれた魚を線の通りにはさみで切り、口の先に輪ゴムをセロハンテープで留める。

②新聞紙を棒状に丸めて3カ所をセロハンテープで留め、先端にひもを2回かた結びで結びつけて釣りざおにする。

## 🗂 集団ゲーム（魚釣りゲーム）

赤、水色、オレンジ色、緑の4チームに分かれて、制作の課題で作った魚と釣りざおに、

あらかじめ用意された海の生き物を加えて行う。チームごとに1列に並んで1人ずつ魚を釣り、釣れたら次の人と交代する。釣った魚が一番多いチームの勝ち。

〈約束〉

・釣りざおを振り回さない。お友達にぶつけないように気をつける。

・生き物が置かれた円の中に入らない。

・1匹釣ったら次の人に交代し、列の後ろに並ぶ。

・終了後に手を洗う。

## 親 子 面 接

先に子どもだけ先生の前に行き、両親は後方のいすで待つ。個別課題が終わったら子どもと両親が場所を入れ替わり、子どもは後方のいすで待つ。

### 本 人

・お名前を教えてください。

・幼稚園（保育園）は給食ですか。それともお弁当ですか。

・苦手な食べ物が出たらどうしますか。

・最近、楽しいと思ったことは何ですか。

・何をしているときが楽しいですか。（答えに対して、さらに詳しく質問される）

・夏休みの思い出は何ですか。

・お休みの日は何をしますか。

・朝は何時に起きますか。夜は何時に寝ますか。

・朝、起きたら何をしますか。夜は寝る前に何をしますか。

・お父さん、お母さんの、何をしてくれるところが好きですか。

・カリタス小学校に来たら何がしたいですか。（答えに対して、さらに詳しく質問される）

### 言 語

テスターに呼ばれて前に出た後、課題を行う。ひらがなで書かれた文章を、声に出して読む。「くるまにちゅういしてあるきます」「おにごっこのおにをきめます」「あさおきたら

かおをあらいます」「あめがふってきました。かさをさしました」「ぱんだのあかちゃんは
ちいさいです」「おちゃがこっぷからこぼれてしまいました」など。

### 10 お話作り

4枚の絵が用意されている。テスターが1枚目の絵をさし示しながらお話しした後、残り
の3枚でお話の続きを考えて話す。出てくる動物の気持ちなどを考えながらお話を作るよ
う指示があり、作ったお話の内容によりテスターに質問される場合もある。

- （1枚目の絵を指でさしながら）クマさんがカレーを作っています。「あっ、ニンジンが
ない。キリンさんの八百屋さんで買ってこよう」。さて、この先はどうなったでしょうか。
動物たちが言った言葉も入れて、後の3枚の絵を見てお話を作って教えてください。
- （1枚目の絵を指でさしながら）ブタさん、ネコさん、キツネさん、パンダさん、イヌ
さんがお絵描きをしていましたが、ブタさんとイヌさんが筆を振り回して、絵の具が飛
び散ってしまいました。さて、この先はどうなったでしょうか。動物たちがどんな気持
ちかわかるように、後の3枚の絵を見てお話を作って教えてください。
- （1枚目の絵を指でさしながら）ウサギさんがお花の種をまいています。さて、この先
はどうなったでしょうか。動物たちがどんな気持ちかわかるように、後の3枚の絵を見
てお話を作って教えてください。

### 父　親

- 自己紹介をしてください。
- ご趣味は何ですか。
- 仕事内容についてお聞かせください。
- なぜ私立校を選んだのですか。
- 今まで本校の説明会には参加されましたか。どのようなところがよいと思いましたか。
- 本校を志望されたきっかけ、本校の受験を決めた理由をお聞かせください。
- （母親が子育てで苦労したとの話から）奥さまをどのようにサポートされていますか。
- お子さんはどのような性格ですか。
- お子さんとどのようにかかわっていますか。
- 上のお子さんが通う学校の名前を、差し支えなければ教えてください。
- きょうだいが違う学校でよいのですか。

### 母　親

- 自己紹介をしてください。
- ご趣味は何ですか。
- 仕事内容についてお聞かせください。
- 子育てで苦労したこととうれしかったことを、1つずつ挙げてください。

・育児で大変だと思ったことは何ですか。そこから学んだことはありますか。

・キリスト教教育についてどのように思いますか。

・本校の印象をお聞かせください。

・通学距離が長いですが、大丈夫ですか。

・お子さんのごきょうだいは、どちらの学校に通われていますか。

・上のお子さんと学校行事の日程が重なっても、本校の学校行事に参加できますか。

**1**

**2**

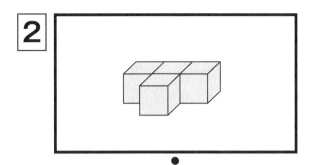

•

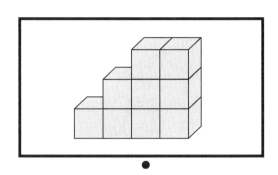

•

•

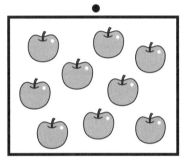

•

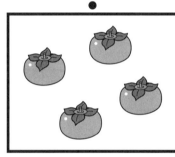

•

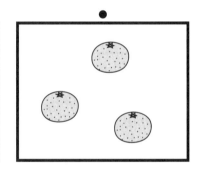

**3**

**4**

**5**

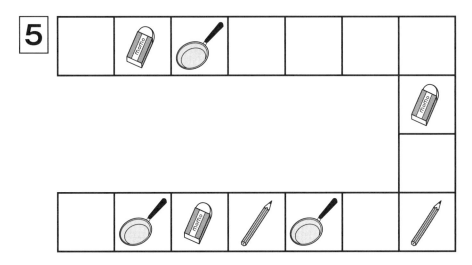

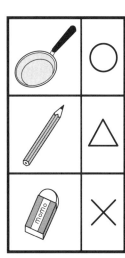

**6**

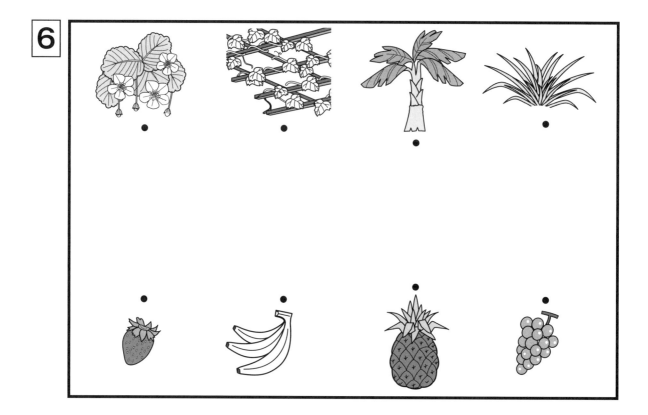

**7**

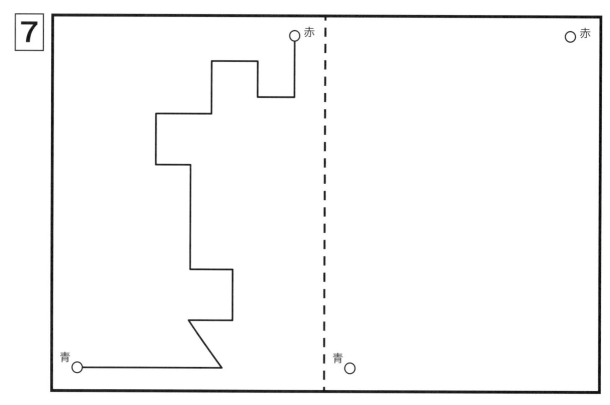

**8** 【お手本】

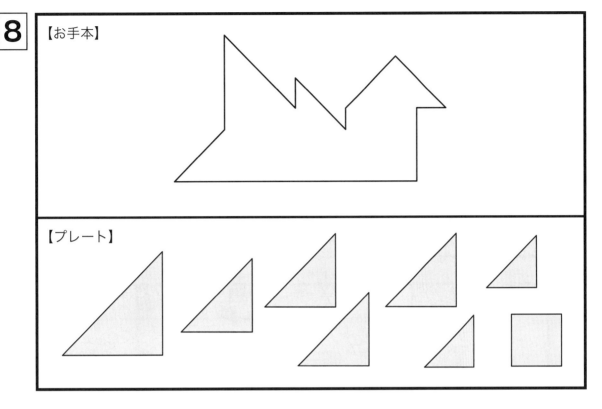

【プレート】

**9**

〈魚の台紙〉　　　　　　　【釣りざお】

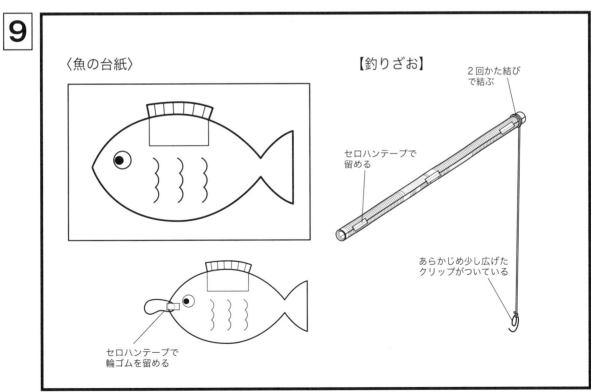

2回かた結び
で結ぶ

セロハンテープで
留める

セロハンテープで
輪ゴムを留める

あらかじめ少し広げた
クリップがついている

# section
# 2022 カリタス小学校入試問題

## ■ 選抜方法

考査は１日で、願書受付順にペーパーテスト、個別テスト、集団テストを行う。所要時間は２時間〜
２時間30分。考査日前の指定日時に親子面接がある。

## ┃ ペーパーテスト

筆記用具は鉛筆を使用し、訂正方法は // （斜め２本線）。出題方法は音声と
口頭。

## 1 話の記憶

「暖かい春になりました。ウサギさん、タヌキ君、ヒツジさん、ヤギ君、ゾウさんがそれ
ぞれ何かの種を持って広場に集まりました。『僕の種はお月様を半分に切ったような形だ
よ』『わたしのは黒い小さい種よ』と、持ってきた種を見せ合いながら、みんなで種まき
をしました。そして、芽が出るのを楽しみに待ちました。しばらくして、みんなの種から
芽が出てきました。ウサギさんの種からは細長い葉っぱが出てきました。タヌキ君の種か
らは葉っぱが２枚ついた双葉が出てきました。みんなで水をやって、毎日せっせとお世話
をしていると、どんどん茎が伸びて育っていきました。ヒツジさんのまいた種は大きく育
ち、花が咲いてやがてピーマンが実りました。ヤギ君の種からは真っ赤なトマト、ゾウさ
んの種からはトウモロコシが育ちました。動物たちはそのピーマンとトマトとトウモロコ
シで、ピザを作りました。とてもおいしいピザができたので、みんなは喜んでたくさん食
べました。タヌキ君の種から出てきた双葉はどうなったでしょう？　双葉の後にも葉っぱ
がたくさん出てきて元気に育ち、ツルが伸びてきれいな丸い花を咲かせました」

- ウサギさんとタヌキ君の種からは、どんな芽が出ましたか。点と点を線で結びましょう。
- 動物たちは何の野菜でピザを作りましたか。使った野菜が正しく描いてある四角に○を
  つけましょう。
- 動物たちがピザを作った季節はいつだと思いますか。その季節と仲よしの絵に○をつけ
  ましょう。

## 2 数　量

- 四角の中にある２つのもののうち、多い方はどちらですか。すぐ下の小さい四角の絵に、
  それぞれ○をつけましょう。

## 3 数量（分割）

・お皿にのっているおやつを3人で仲よく分けると、1人分はどのようになりますか。アメ、クッキー、ケーキの横の四角に、その数だけ○をかきましょう。

### 4 常識（仲間探し）

・四角の中の下には、ちくわ、ところてん、ハム、目玉焼き、フライドポテトの絵が描いてあります。それぞれの食べ物は、何からできていますか。上の絵から選んで、点と点を線で結びましょう。

### 5 推理・思考（比較）

・プレゼントの箱にひもをかけて結んであります。一番長いひもに○、2番目に長いひもに△をつけましょう。

## 個別テスト

### 6 構　成

お手本の台紙、ビニール袋に入ったプラスチックのプレート（平行四辺形1枚、正方形1枚、大きい直角三角形2枚、小さい直角三角形3枚）が用意されている。
・プレートを袋から出して、お手本の台紙にピッタリ入るように置きましょう。
・終わったらビニール袋に片づけましょう。

## 集団テスト

### 制作（旗作り）

A4判の白い紙2枚、旗の絵が描いてある赤と白の台紙が用意されている。持参したつぼのり、はさみを使用する。セロハンテープはテスターから切って渡される。
①白い紙をそれぞれ細く棒状に丸め、端にのりをつけて留めて旗の持ち手にする。
②赤と白の台紙に描いてある旗の絵をはさみで切り取り、1枚ずつ持ち手にセロハンテープで留めて2本の旗を作る。

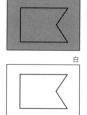

### 集団ゲーム（旗上げゲーム）

4チームに分かれ、制作で作った旗を使って行う。左右の手にそれぞれ赤、白の旗を持ち、

チームごとに1列に並んで立つ。テスターから「赤上げて。白上げて……」などの指示が出され、言われた通りに旗の上げ下げを行う。間違えたらその場に座る。最後まで残った人の多いチームが勝ち。次に、チーム内で相談して指示を出す代表を1人決め、ほかの人は代表の指示通りに旗の上げ下げを行う。

## ▌ 親子面接 ▌

先に子どもだけ先生の前に行き、両親は後方のいすで待つ。個別課題が終わったら子どもと両親が場所を入れ替わり、子どもは後方のいすで待つ。

### 本人

・お名前を教えてください。
・何をしているときが楽しいですか。（答えに対して、さらに詳しく質問される）
・好きな野菜は何ですか。どのようにして食べるのが好きですか。
・最近、楽しいと思ったことは何ですか。
・夏休みの思い出は何ですか。
・お休みの日は何をしますか。

### 言語

テスターに呼ばれて前に出た後、課題を行う。ひらがなで書かれた文章を、声に出して読む。
「やぎといっしょにかけっこをしました」「おにいさんとでんしゃごっこをしています」「だいどころでおさらをあらっています」「やまをつくってあそびました」など。

### 7 お話作り

4枚の絵が用意されている。テスターが1枚目（または1、2枚目）の絵をさし示しながらお話しした後、続きを考えて話す。子どもが作ったお話の内容によって、質問される場合もある。

・（1枚目の絵を指でさしながら）耳が地面につくほど長くて、たれ耳ウサギと呼ばれているウサギさんがいました。たれ耳ウサギはいつも、ほかのウサギさんから「耳が長すぎるね」とからかわれたり、ネズミさんに耳をつつかれたりしていました。でも、鳥君だけは「僕はいい耳だと思うよ」と言ってくれていました。さて、この先はどうなったでしょうか。動物たちが言った言葉も入れて、後の3枚の絵を見てお話を作って教えてください。

・（1枚目の絵を指でさしながら）クマのきょうだいが、おいしそうなリンゴがなっている木を見つけました。お兄さんのクマは木の高いところのリンゴを採り、弟のクマは低いところのリンゴを採りました。（2枚目の絵を指でさしながら）それを見ていたカラスが横取りしようとじゃまをして、リンゴに傷をつけてしまいました。さて、この先は

どうなったでしょうか。動物たちがどんな気持ちかがわかるように、後の2枚の絵を見てお話を作って教えてください。

### 父 親

・自己紹介をしてください。
・ご趣味は何ですか。
・コロナ禍で来校の機会が少ない中、本校についてどのように理解を深めましたか。
・本校を志望されたきっかけ、本校の受験を決めた理由をお聞かせください。
・お仕事をするうえで、どのような使命感を持って取り組んでいますか。どのような社会貢献をしているとお考えですか。
・お子さんが大きくなるころ、世の中ではどんなことが必要とされるとお考えですか。
・お子さんが熱中していることをいくつか教えてください。
・お子さんには、奥さまのどのようなところが似てほしいと思いますか。

### 母 親

・自己紹介をしてください。
・ご趣味は何ですか。
・本校の印象をお聞かせください。
・本校に期待することは何ですか。
・お子さんのどういうところが本校に合っていると思いますか。
・どのようなときにお子さんをほめますか。
・お休みの日には家族で何をして過ごしていますか。
・家族そろって何かをするときに、お子さんはどのような反応を示しますか。
・お子さんのごきょうだいは、どちらの学校に通われていますか。
・通学距離が長いですが、大丈夫ですか。

**1**

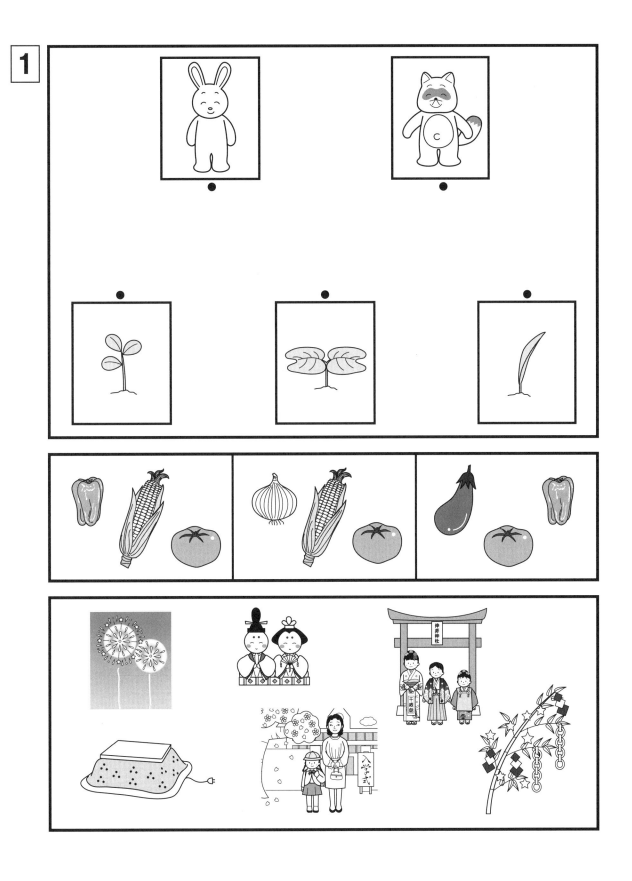

**2**

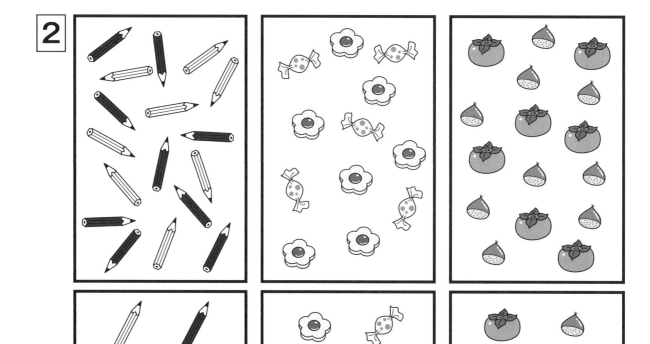

**3**

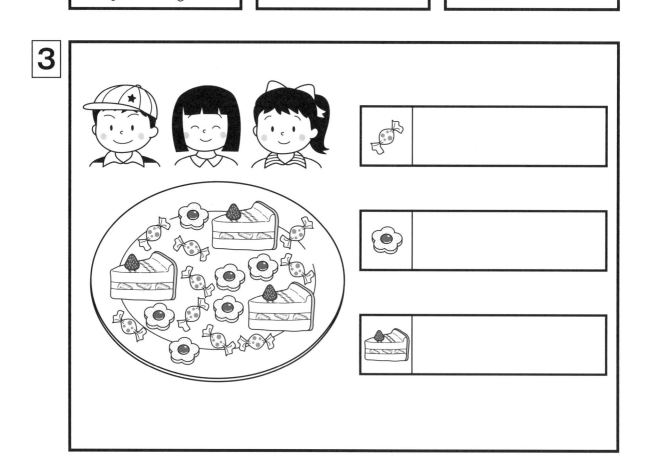

**4**

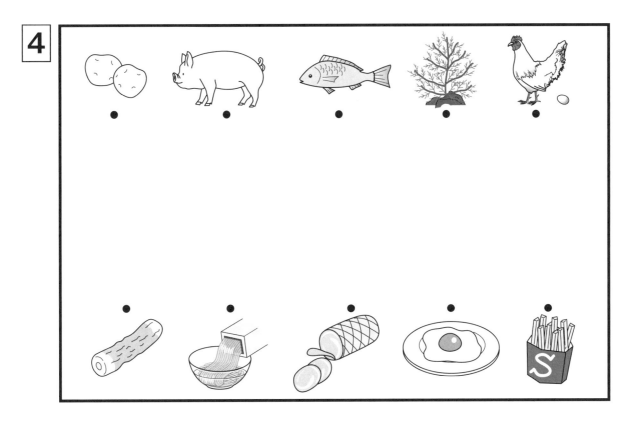

**5**

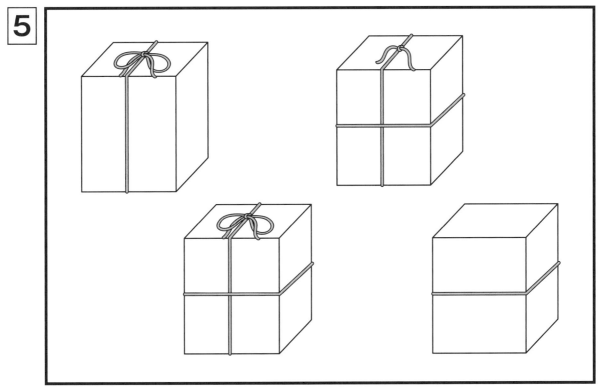

**6** 【お手本】

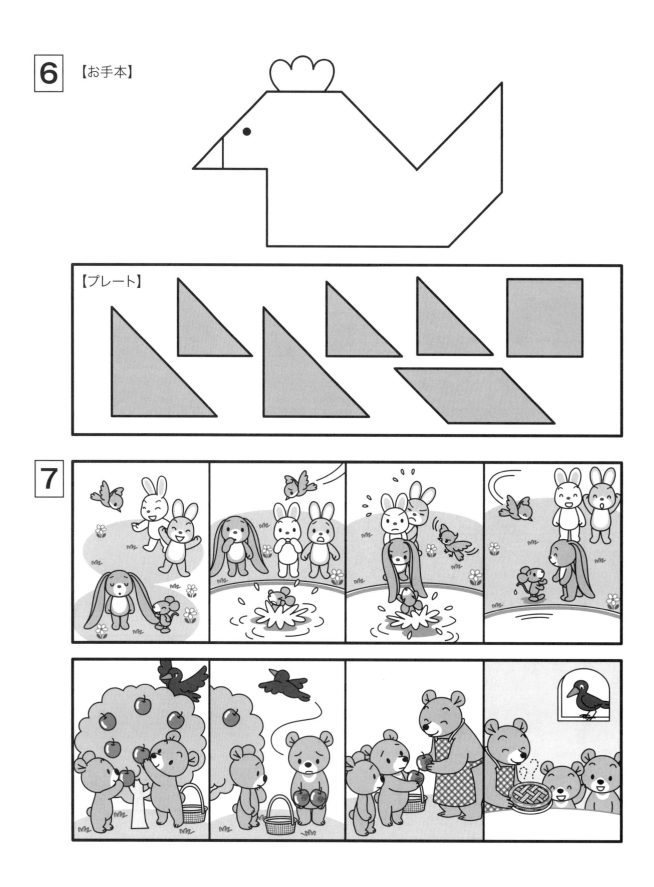

【プレート】

**7**

# <sup>section</sup> 2021　カリタス小学校入試問題

## ■ 選抜方法

考査は1日で、ペーパーテスト、個別テスト、集団テスト、運動テストを行う。所要時間は約3時間30分。考査日前の指定日時に親子面接がある。

## ┃ ペーパーテスト ┃ 筆記用具は鉛筆を使用し、訂正方法は //（斜め2本線）。出題方法は音声と口頭。

### 1 話の記憶

「ある晴れた日、ウサギさんはクマさんと一緒に海へ遊びに出かけました。2匹で貝殻を拾ったりカニを捕まえたりしていると、そこにタヌキさんがやって来て『何をしているの？わたしも仲間に入れて』と言いました。仲よく3匹で遊んでいると、ウサギさんのお母さんがやって来て、『まあ、きれいな貝殻をたくさん拾ったのね。近くに水族館があるからみんなで行きましょう』と言いました。水族館に着いて、まず初めにお魚の水槽に行くと、黄色とピンクと青のお魚が仲よく泳いでいます。次の水槽には黒と白のしましまのお魚がいます。さらに進むと、大きな水槽の中に大きなカニがいました。足がとても長いカニを見たタヌキさんは怖くなり、思わず水槽の下にしゃがんで隠れてしまいました。タヌキさんが隠れているうちにみんなは次に進んでしまい、タヌキさんとは離れ離れになってしまいました。ひとりぼっちになったタヌキさんが困っていると、クマさんが探しに来て『ここにいたのね。心配したのよ』とタヌキさんを見つけてくれました。ウサギさんのお母さんが『もう暗くなってきたから帰りましょう』と言い、みんなで出口に向かいました。水族館を出るときにふり返って見てみると、ペンギンがお見送りをするように、こっちを見ていました」

・浜辺で動物たちは何を拾っていましたか。合う絵に○をつけましょう。
・ひとりぼっちになったときのタヌキさんの顔に○をつけましょう。
・水族館で最初に見たものに○、最後に見たものに△をつけましょう。

### 2 常　識

・上の野菜を半分に切った切り口の様子をそれぞれ下から選んで、点と点を線で結びましょう。

### 3 数　量

・男の子と女の子が5枚ずつ折り紙を持って、これからジャンケンゲームをします。ジャンケンに勝ったら相手の折り紙を1枚もらうことができるお約束です。2回ジャンケンをして、男の子が2回とも勝ちました。では、今、男の子と女の子の持っている折り紙は何枚違いますか。その数だけ、すぐ下の四角に○をかきましょう。

4 数　量

・たろう君は4人家族です。もうすぐお食事の時間なので、たろう君はお皿を並べるお手伝いをしています。お皿は1人に2枚ずつ並べます。今3枚並べ終わったところですね。では、全員の分を並べるには、お皿はあと何枚必要ですか。その数だけ、すぐ下の四角に○をかきましょう。

5 推理・思考（重ね図形）

・左の四角の中の形をそのまま重ねると、どのようになりますか。右から選んで○をつけましょう。

6 常識（仲間分け）

・それぞれの段で、仲間ではないものに○をつけましょう。

7 観察力（同図形発見）

・上の真ん中の形がお手本です。お手本と同じ形を見つけて○をつけましょう。向きが変わっているものもありますよ。

## 個別テスト

8 構　成

お手本の台紙、ビニール袋に入ったプラスチックのプレート（平行四辺形1枚、正方形1枚、大きい直角二等辺三角形1枚、小さい直角二等辺三角形4枚）が用意されている。
・プレートを袋から出して、お手本の台紙にピッタリ入るように置きましょう。

## 集団テスト

言　語

文章が書いてあるカードが裏返しで配られる。1人ずつ名前を呼ばれたら、そのカードを表にして、書いてあるひらがなの文章を座ったまま読む。

「うさぎさんがだいどころでおさらをはこんでいます」「くまさんがくるまにのってこうえんにいきました」「きつねさんがぼうしをかぶってでかけます」など。

### 9 制 作

上部にロケットの絵、下部に星とロケットの炎が描いてある台紙（穴が開いている）、黒いひも、鉛筆が用意されている。持参したクレヨン、つぼのり、はさみを用意し、新聞紙を机に広げて行う。テスターがロケット作りの手順を説明しながら見せ、その通りに作成する。

① ロケットの先端を好きな色のクレヨンで塗り、翼の部分を先端で使った色とは違う色のクレヨンで塗る。

② ロケットの丸い窓枠の中に、黒い点から始めて鉛筆で丸をかく。窓枠の線にぶつからないようにかく。

③ 台紙の下に描いてある星とロケットの炎をはさみで切り取り、のりで貼る。星は好きな場所に貼り、炎はロケットの下の炎の絵にピッタリと合うように貼る。

④ 上の穴に黒いひもを通してチョウ結びをする。

### 集団ゲーム（ジェスチャーゲーム）

赤、青、黄色のチームに分かれて行う。チームで相談して代表になる順番を決める。代表者がテスターのところへ写真（動物、乗り物、スポーツをしているところなど）を見に行き、チームのお友達に声を出さずにジェスチャーをして見せる。チーム内で相談して答えを決め、正解ならテスターが得点表に○をつける。代表を交代しながら数回行う。

## 運動テスト

### 立ち幅跳び

オレンジ色の線のところに立ち、立ち幅跳びをする。

### ボール投げ上げ

新聞紙を丸めてボールを作り、上に投げ上げ、手を2回たたいてからキャッチする。

## 親 子 面 接

先に子どもだけ先生の前に行き、両親は後方のいすで待つ。個別課題が終わったら子どもと両親が場所を入れ替わり、子どもは後方のいすで待つ。

### 本 人

・お名前を教えてください。

・幼稚園（保育園）の名前を教えてください。

・朝ごはんは何を食べましたか（昨日の夕ごはんは何を食べましたか）。

・お手伝いは何をしていますか。お手伝いをしたときにどんな気持ちになりましたか。

・お手伝いをすると、お家の人から何と言われますか。

・お父さんはどんな人ですか。

・好きなお料理は何ですか。なぜ好きなのですか。

・好きな絵本は何ですか。なぜ好きなのですか。

・好きなテレビ番組は何ですか。なぜ好きなのですか。

## 📘 言　語

テスターに呼ばれて前に出た後、課題を行う。生活のさまざまな場面（手洗い、うがい、歯磨き、食事、お手伝い、テレビを見る、おもちゃの片づけなど）が描かれた絵を見せられる。

・お家に帰って最初にすることを、この中から選んで教えてください。

## 📘 お話作り

4枚の絵が用意されている。テスターが1枚目と2枚目の絵をさし示しながらお話しした後、続きを考えて話す。

・（1枚目の絵を指でさしながら）ウサギさんがネコさんにヒマワリのお花を見せてあげようとしました。（2枚目の絵を指でさしながら）お花のところに来てみると、ヒマワリのお花はしおれていました。ウサギさんがお水をあげようとしましたが、持っていたじょうろが壊れてしまいました。さて、この先はどうなったでしょうか。後の2枚の絵を見てお話を作って教えてください（3枚目はゾウが鼻でヒマワリに水をまいている様子、4枚目はヒマワリの花が元気に開き、空には虹が出て、ウサギとネコが喜んでいる様子が描かれている）。

### 父　親

・自己紹介をしてください。

・ご趣味は何ですか。

・志望理由をお聞かせください。

・学校説明会にいらっしゃいましたか。そのときの印象を教えてください。

・私立と公立ではどのような違いがあると思われますか。

・お子さんのごきょうだいは、どちらの学校に通われていますか。きょうだいで学校が違っても大丈夫ですか。

・子育てに関して、ご夫婦で意見が一致しない場合はどのように解決されていますか。

**母　親**

　　　・自己紹介をしてください。

　　　・ご趣味は何ですか。

　　　・本校の印象をお聞かせください。

　　　・お子さんの名前の由来を教えてください。

　　　・お仕事について詳しく教えてください。

　　　・仕事と子育ての両立は、どのように工夫していますか。

　　　・１人の時間をどのようにつくっていますか。

　　　・食育についてどのようにお考えですか。

　　　・お子さんのごきょうだいは、どちらの学校に通われていますか。

**1**

**2**

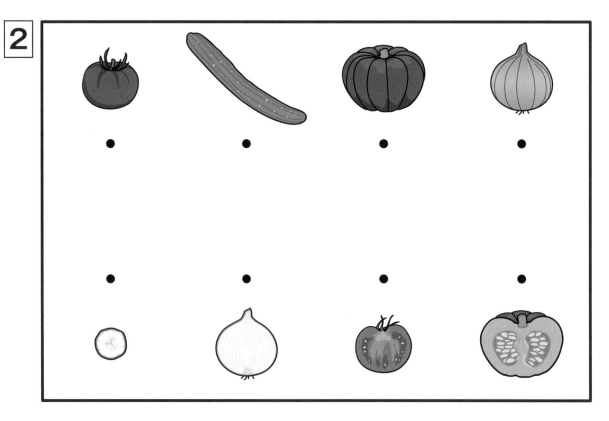

**3**

**4**

**5**
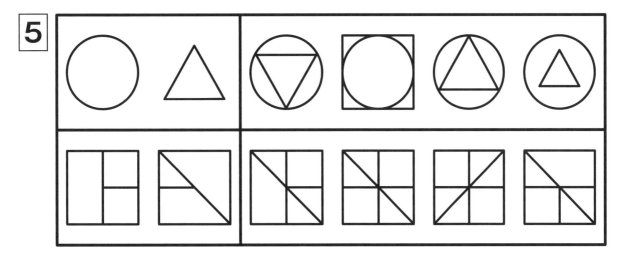

**6**

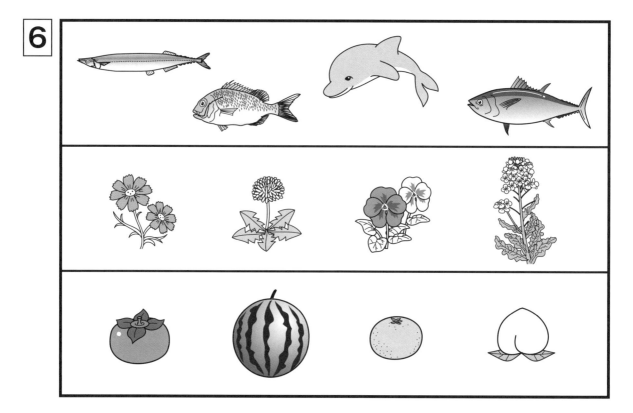

**7**

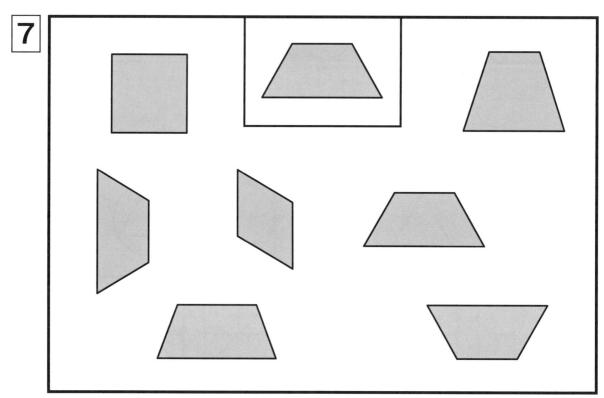

**8** 【お手本】

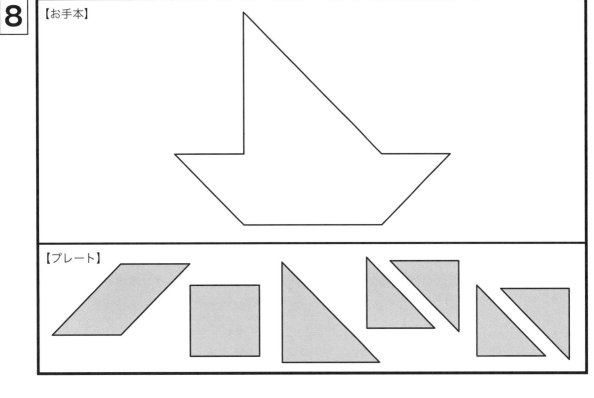

【プレート】

**9** 〈台紙〉　　　　　　　　　　　　　　【完成図】

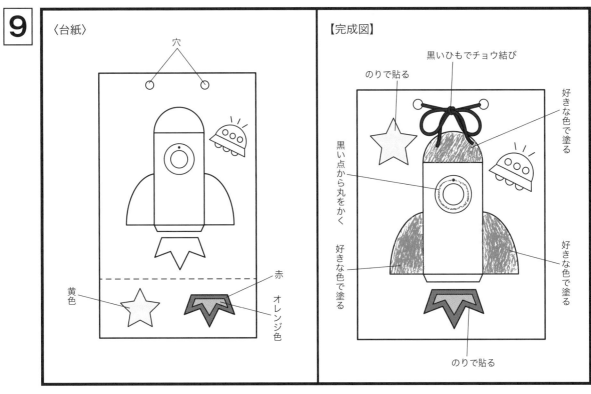

# 2020 カリタス小学校入試問題

## ■ 選抜方法

考査は1日で、願書受付順にペーパーテスト、個別テスト、集団テスト、運動テストを行う。所要時間は約2時間。考査日前の指定日時に親子面接がある。

## ■ ペーパーテスト

筆記用具は鉛筆を使用し、訂正方法は // (斜め2本線)。出題方法は音声と口頭。

### 1 話の記憶

「あきちゃんとはる君は、おじいちゃんとおばあちゃんのお家に遊びに行きます。途中の道にタンポポがたくさん咲いていたので、あきちゃんはそのタンポポを摘んで冠を作りました。すると、向こうから水玉模様のワンピースを着た女の子がお母さんと歩いてきました。その女の子はあきちゃんが作ったタンポポの冠をじっと見つめています。はる君は『このタンポポの冠が欲しいのかな？』と思い、あきちゃんと相談して女の子に冠をあげることにしました。『ありがとう』と女の子はとても喜んで、女の子のお母さんはあきちゃんとはる君にイチゴを6個くれました。2人にさようならを言うと、あきちゃんとはる君はまた歩き始めました。すると今度は向こうから、男の子とそのお父さんが歩いてきました。男の子が『おいしそうなイチゴだね』と言ったので、あきちゃんは『はい、どうぞ』と言って持っていたイチゴのうち2個をあげました。男の子とそのお父さんは『ありがとう』と喜んで、持っていた竹トンボとケン玉をくれました。おじいちゃんとおばあちゃんのお家に着いた2人は『おじいちゃん、おばあちゃん、こんにちは。このイチゴ、途中で会った女の子からもらったの』と言って、おばあちゃんにイチゴを渡しました。そして2人はおじいちゃんと一緒に竹トンボとケン玉で遊ぶことにしました。その間におばあちゃんがイチゴのケーキを作ってくれました。遊んだ後で、みんなでおやつにおいしくいただきました」

・おじいちゃんとおばあちゃんのお家に行く途中で会った女の子が着ていた服はどれですか。合うものに○をつけましょう。
・2人が会った女の子と男の子からもらったものに○をつけましょう。
・このお話の季節はいつですか。同じ季節のものに○をつけましょう。

### 2 数 量

・左と右の積み木の数はいくつ違いますか。その数だけ、下の長四角に○をかきましょう。

3 **数量（分割）**

・四角の中のナシを3つずつ箱に入れるには、箱はいくつあるとよいですか。その数だけ、下の長四角に○をかきましょう。

4 **推理・思考（重さ比べ）**

・動物たちが絵のようにシーソーに乗っています。一番重い動物に○、一番軽い動物に△をつけましょう。

5 **常識（仲間探し）**

・上と仲よしのものを下から選んで、点と点を線で結びましょう。

6 **常識（生活）**

・あなたがいつもお母さんにしてもらっていることに○をつけましょう。

## ▌ 個別テスト ▌

7 **構　成**

お手本の台紙、ビニール袋に入ったプラスチックのプレート（大きい直角二等辺三角形1枚、小さい直角二等辺三角形2枚、平行四辺形1枚、正方形1枚の色板）が用意されている。

・プレートを袋から出して、お手本の台紙にピッタリ入るように置きましょう。

## ▌ 集団テスト ▌

**言　語**

文章が書いてあるカードが裏返しで配られる。1人ずつ名前を呼ばれたら、そのカードを表にして、書いてあるひらがなの文章を座ったまま読む。

「あかいちゅーりっぷがさいています」「おにいさんとでんしゃごっこをしてあそびました」など。

8 **制　作**

上部におみこしの絵、下部におみこしの屋根と紋章が描いてある台紙（穴が開いている）、黒いひも、鉛筆が用意されている。持参したクレヨン、つぼのり、はさみを使用する。テ

スターがおみこしを作成する手順を1つずつ実際に行って見せ、その通りに作成する。

①台紙の点線をはさみで切り、下にある紋章の色が塗られていない部分を青いクレヨンで塗ってから、屋根と紋章をはさみで切り取る。

②切り取った紋章を屋根の真ん中にのりで貼る。

③屋根の白いところを、水色のクレヨンで塗る。

④色を塗った屋根を、台紙に描かれているおみこしの屋根の形にピッタリ合うようにのりで貼る。

⑤おみこしの両側の波線からはみ出ないように、波線の間に鉛筆で波線をかく。

⑥黒いひもを穴に通してチョウ結びをする。

## 🔖 集団ゲーム

3、4人ずつ赤、青、黄色、緑の4チームに分かれて行う。テスターが出したなぞなぞを相談して考え、答えがわかったら与えられた積み木を全部積む。積み終わったら手を挙げて、一番早かったチームが答える。途中で積み木が倒れたときは、もう一度初めから積み直す。なぞなぞの答えが合っていたらチームの色のシールを1枚もらい、黒板に貼られている5×5のマス目にシールを貼る（マス目には1マスに1つずつ文字が書かれている）。貼ったシールが縦、横、斜めのどこか1列にそろったチームの勝ち。4チームが1枚のマス目にシールを貼っていくので、同じ色のシールが1列にそろわないようにほかのチームが邪魔をすることもできる。なぞなぞの問題は、「世界の真ん中にいる虫はなんだ（答え：蚊）」「飲んだら『こらー』と怒られる飲み物はなんだ（答え：コーラ）」「カメラの中に隠れている生き物はなんだ（答え：カメ）」「鳥は鳥でも頭がおしりになる鳥はなんだ（答え：しりとり）」「お父さんが食べると嫌いになる果物はなんだ（答え：パパイヤ）」など。

## 運動テスト

## 🔖 持久力

床に置かれたプラスチックの棒を踏まないように、「やめ」の合図があるまで棒の左右に両足でジャンプを続ける。テスターが時間を計り、何回ジャンプできたか数える。

## 🔖 ボール投げ

青い線のところに並び、線から出ないようにして小さいボールを約5m以上遠くに投げる。

## 親子面接

先に子どもだけ先生の前に行き、両親は後方のいすで待つ。個別課題が終わったら子どもと両親が場所を入れ替わり、子どもは後方のいすで待つ。

## 本　人

- お名前を教えてください。
- 幼稚園（保育園）の名前を教えてください。
- 幼稚園（保育園）で仲よしのお友達の名前を教えてください。
- 幼稚園（保育園）では誰と何をして遊びますか。それはどのようにして遊びますか。
- 幼稚園（保育園）の担任の先生の名前を教えてください。その先生はどのような先生ですか。どうしてそう思いますか。
- おじいさん、おばあさんはいますか。おじいさん、おばあさんとはどのような遊びをしますか。
- おじいさん、おばあさんはお家に遊びに来ますか。
- お父さん、お母さんとの約束事はありますか。それが守れなかったとき、お母さんは何と言いますか。
- 魔法が使えたら、何をしたいですか。
- 小学校に入ってやりたいことは何ですか。
- 大きくなったら何になりたいですか。それはどうしてですか。

## お話作り

テスターに呼ばれて前に出た後、課題を行う。４枚の絵が用意されている。テスターが１枚目と２枚目の絵をさし示しながらお話しした後、続きを考えて話す。作ったお話の内容によっては、質問されることがある。

- （１枚目の絵を指でさしながら）リスさんとクマさん、ウサギさんの３匹は、森で仲よしのお友達です。３匹はこれから幼稚園に行くところです。（２枚目の絵を指でさしながら）リスさんはどうやら、幼稚園の帽子を忘れてしまったようですね。さて、この先はどうなったのか、あとの２枚の絵を見てお話を作って教えてください（３枚目の絵はクマの帽子が風で飛ばされて木の枝に引っかかっている様子、４枚目の絵はクマの帽子が木の枝から落ちてカメの甲羅に載っている様子が描かれている）。

## 父　親

- 自己紹介をしてください。
- ご趣味は何ですか。
- 学校説明会にいらっしゃいましたか。ほかの行事には参加されましたか。
- （学校説明会や行事などで）本校の生徒はどのような様子でしたか。学校の様子について、どのように感じられましたか。
- お子さんのきょうだいは、どちらの学校に通われていますか。きょうだいで学校が違っても大丈夫ですか。

・幼少のころのご自身の体験で、お子さんに伝えていることはどのようなことですか。

・最近、子育てをする中で感動したことは何ですか。

## 母 親

・自己紹介をしてください。

・ご趣味は何ですか。

・学校説明会にいらっしゃいましたか。ほかの行事には参加されましたか。

・本校の印象をお聞かせください。

・本校の魅力はどのようなところだと思いますか。

・どのようなお子さんですか。

・最近のお子さんの成長で、うれしかったのはどのようなことですか。ご主人と共有されていますか。

・ご自身とお子さんの似ているところはどのようなところですか。

・子育てで学んだことは何ですか。そのことについてご主人はどのようにおっしゃっていますか。

・通学時間は長いと感じますか。問題なく通えますか。

**1**

**2**

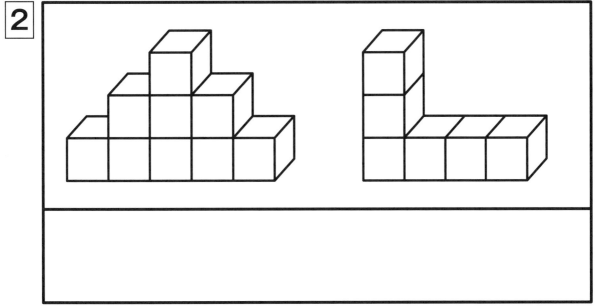

**3**

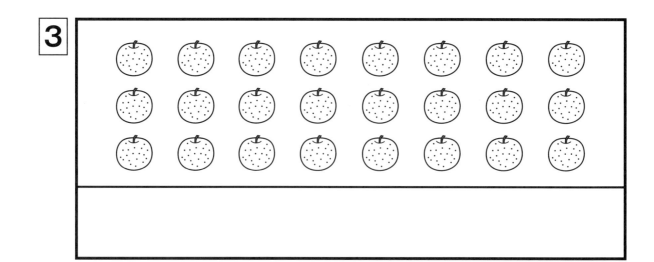

**4**

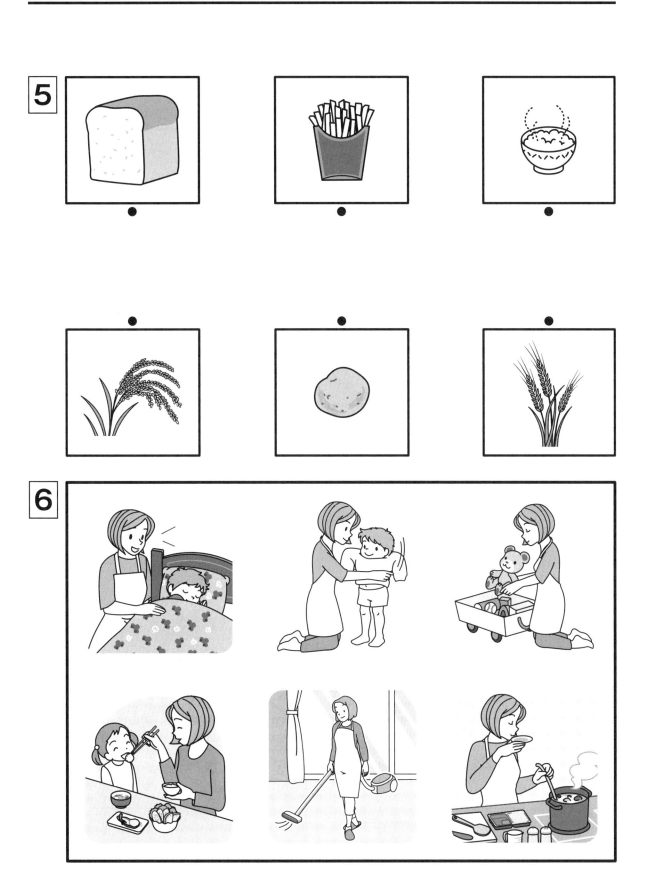

**7**

【お手本1】

【お手本2】

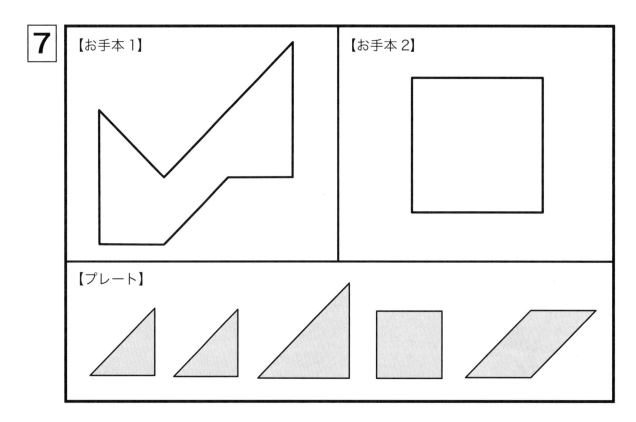

【プレート】

**8**

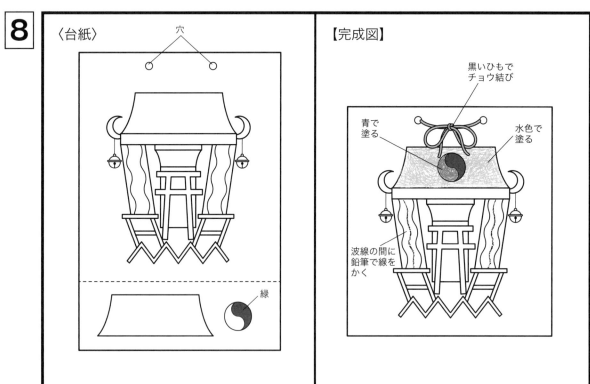

〈台紙〉

穴

緑

【完成図】

黒いひもで
チョウ結び

青で
塗る

水色で
塗る

波線の間に
鉛筆で線を
かく

# section
# 2019 カリタス小学校入試問題

## ■ 選抜方法

考査は1日で、願書受付順にペーパーテスト、個別テスト、集団テスト、運動テストを行う。所要時間は約2時間。考査日前の指定日時に親子面接がある。

## ┃ ペーパーテスト ┃ 筆記用具は鉛筆を使用し、訂正方法は // (斜め2本線)。出題方法は音声と口頭。

### 1 話の記憶

「ヒツジのメリーちゃんはもうすぐ1年生。ある日、お母さんが『メリーちゃん、近くの八百屋さんでトマトとキュウリとジャガイモとタマネギを買ってきてくれるかしら』と言いました。メリーちゃんは1匹でお買い物に行くことができるか少し心配でしたが、『お母さん、わたしもうすぐ1年生よ。だいじょうぶ、1匹でお使いに行けるわ』と答えました。『じゃあ、お願いね。八百屋さんは、お家を出て真っすぐ行って、2つ目の角を右に曲がってすぐのお店よ。一緒に行ったことがあるからわかるわね。途中にパン屋さんがあるから、帰りにパンも買ってきてちょうだい』。『はい。行ってきます』。メリーちゃんは後ろにリボンのついた麦わら帽子をかぶり、お気に入りのリュックサックにお財布を入れて出かけました。メリーちゃんが八百屋さんとパン屋さんでお買い物を済ませて帰る途中、畑仕事をしているヤギのおじさんに会いました。『おじさん、こんにちは』。『メリーちゃん、こんにちは、1匹でお使いかな？　えらいね。頑張ったごほうびにこれをあげよう』と言って、ヤギのおじさんはトウモロコシをくれました。『ヤギのおじさん、ありがとう。さようなら』。メリーちゃんはあいさつをすると、お母さんの待つお家へと向かいました。お家が近づいてくると、玄関にお母さんと妹が待っているのが見えました。うれしくなったメリーちゃんは、お家に向かって走り出しました。玄関には、メリーちゃんを迎えるように、アサガオの花が咲いていました」

・上です。地図の下の真ん中にあるのがメリーちゃんのお家です。メリーちゃんはどの道を通って八百屋さんに行きましたか。その道に線を引き、メリーちゃんが行った八百屋さんに○をつけましょう。

・真ん中です。メリーちゃんが買ったものに○をつけましょう。

・下です。このお話の季節の絵に○をつけましょう。

### 2 数　量

・アメが全部で10個あります。握っている手の中には、アメは何個ありますか。その数だけ下の空いている四角に○をかきましょう。

### 3 数　量

・左の積み木と同じ数の果物を右から選んで、点と点を線で結びましょう。

### 4 系列完成

・それぞれの段に、いろいろな絵が決まりよく並んでいます。空いているところに入る絵を右から選んで○をつけましょう。

### 5 常識（仲間分け）

・それぞれの段で、仲間ではないものに○をつけましょう。

### 6 常識（季節）

・一番上の段のお花がそれぞれどの季節に咲くお花かを考えて、その次の季節のものをすぐ下の段から探して、点と点を線で結びましょう。同じように、またその次の季節のものをすぐ下の段から選びながら、一番下の段まで点と点を線で結び、上から季節の順番につながるようにしましょう。

### 7 常識（道徳）

・絵の中で、いけないことをしている人に×をつけましょう。

## 個別テスト

### 8 構　成

お手本の台紙、ビニール袋に入ったプラスチックのプレート（大きい直角二等辺三角形1枚、小さい直角三角形4枚、平行四辺形1枚、正方形1枚、正三角形3枚の色板）が用意されている。
・プレートを袋から出してお手本の台紙にはめましょう。

## 集団テスト

### ◪ 言　語

文章が書いてあるカードが裏返しで配られる。1人ずつ名前を呼ばれたら、そのカードを

表にして、書いてあるひらがなの文章を座ったまま読む。

「ほんをかってもらいました」「でんしゃにのってゆうえんちにいきました」「くるまにき
をつけてみちをわたりましょう」など。

## 9 制 作

上部にパンダの顔、下部にパンダの目と星が描いてある台紙（穴が開いている）、黒いひ
もが用意されている。テスターがパンダを作成する手順を1つずつ実際に行って見せ、そ
の通りに作成していく。持参したクレヨン、つぼのり、はさみを使用する。

①台紙の点線をはさみで切り、下の方にあるパンダの目と星をはさみで切り取る。

②切り取ったパンダの目を、台紙にあるパンダの顔の目の部分にのりで貼る。

③切り取った星を、台紙にある星の上に同じ色の小さな丸同士が同じ場所に来るようにの
りで貼る。

④パンダの耳と鼻を好きな色のクレヨンで塗る。

⑤黒いひもを穴に通してチョウ結びをする。

## 集団ゲーム（紙コップ積み競争）

3、4人のチームに分かれて行う。用意された紙コップを使い、チームで相談してできる
だけ高いタワーを作る。一番高いタワーを作ったチームの勝ち。

## 運動テスト

## 持久力

机と机の間に立ち、左右の机に両手をついて足を浮かせ、その状態をしばらく維持する。

## 親 子 面 接

## 本 人

・お名前を教えてください。

・幼稚園（保育園）の名前を教えてください。

・幼稚園（保育園）で仲よしのお友達のお名前を教えてください。

・今日ここに来るまで、お父さん、お母さんと何をお話ししてきましたか。

・お父さん（お母さん）のどのようなところが好きですか。

・お家の人にほめられるのは、どのようなことですか。

・お休みの日には何をして遊びますか。お休みの日にはどんなところに行きますか。

・魔法が使えたら、何をしたいですか。（1つ答えを言った後で）ほかにもありますか。

## 📖 推理・言語・常識

テスターに呼ばれて前へ出た後、下記の課題を行う。トレーに野菜や果物2つ（ニンジンとジャガイモ、ニンジンとサツマイモ、リンゴとナシなど）が載せてあり、それに布をかけて見えないようにしてある。

・布の上からものに触って、トレーに何が載っているか当てましょう。
・（正解を確認した後）この野菜を使って作るお料理を何か知っていますか。この2つの野菜（果物）にはどんな違いがありますか。

## 10 お話作り

色鉛筆で塗られた絵が4枚用意されている。テスターが絵をさし示しながらお話しする。

・（①の絵を指さしながら）ウサギとネズミとクマの3匹は、森で仲よしのお友達です。3匹はこれから気球に乗って出かけます。（②の絵を指さしながら）ウサギとクマはまだ気づいていないようですが、ネズミが気球から落ちてしまいました。さて、この後どうなったのか、残りの2枚の絵を見てお話を作って教えてください。動物たちがどんな気持ちかがわかるように、お話を作りましょう（子どもが作ったお話の内容によって、「最後にネズミは何と言ったと思いますか」などと質問される場合もある）。

### 父 親

・自己紹介をしてください。
・学校説明会にいらっしゃいましたか。ほかの行事には参加されましたか。
・（説明会や行事などでの）本校の生徒の印象をお聞かせください。学校の様子について、どのように感じられましたか。
・数ある私立校の中で、本校を選んだ決め手は何ですか。
・複数の学校を見ていらっしゃると思いますが、お子さんを通わせたいと思う基準は何ですか。
・お子さんのきょうだいは、どちらの学校に通われていますか。
・休日は、お子さんとどのように過ごされていますか。
・奥さまとお子さんがかかわる様子を見て、どのように思われていますか。
・奥さまの子育てについて、どのように思われていますか。
・父親と母親の役割について、どのように考えますか。
・このようなご時世ですが、お子さんに伝えていきたいものは何ですか。

### 母 親

・自己紹介をしてください。

・学校説明会にいらっしゃいましたか。ほかの行事には参加されましたか。

・本校の印象をお聞かせください。

・数ある小学校の中から本校を選んだのはなぜですか。

・お子さんの好きなことは何ですか。それについて、ご家族はどのようにかかわっていますか。

・お子さんが苦手としていることは何ですか。

・お子さんのよいところはどのようなところですか。

・お子さんとの約束事はありますか。それがうまくできなかったとき、お母さまはどうされますか。

・お子さんをしかるのはどんなときですか。

・通学時間は長いと感じますか。問題なく通えますか。

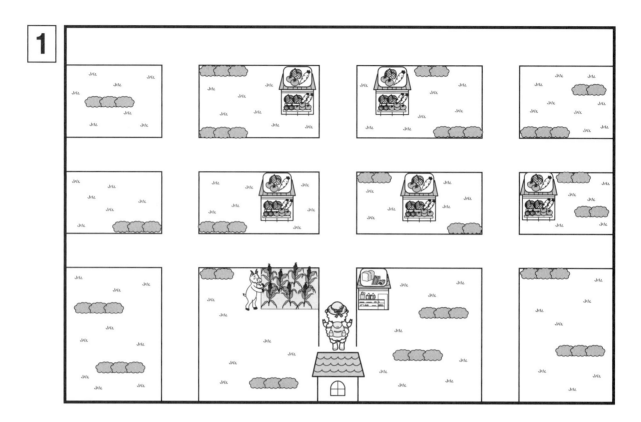

**2**

**3**

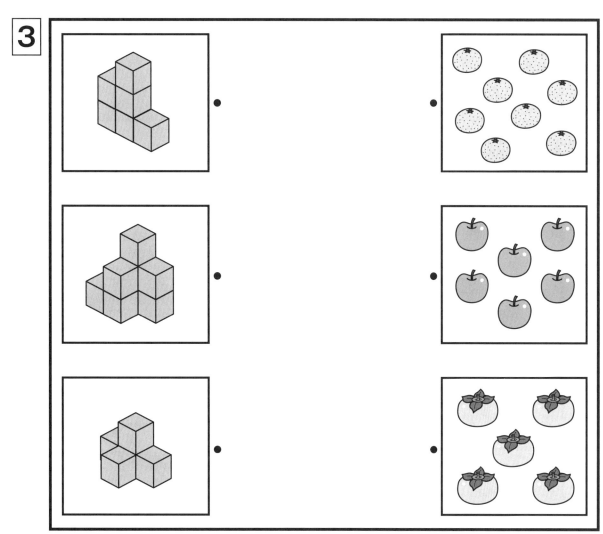

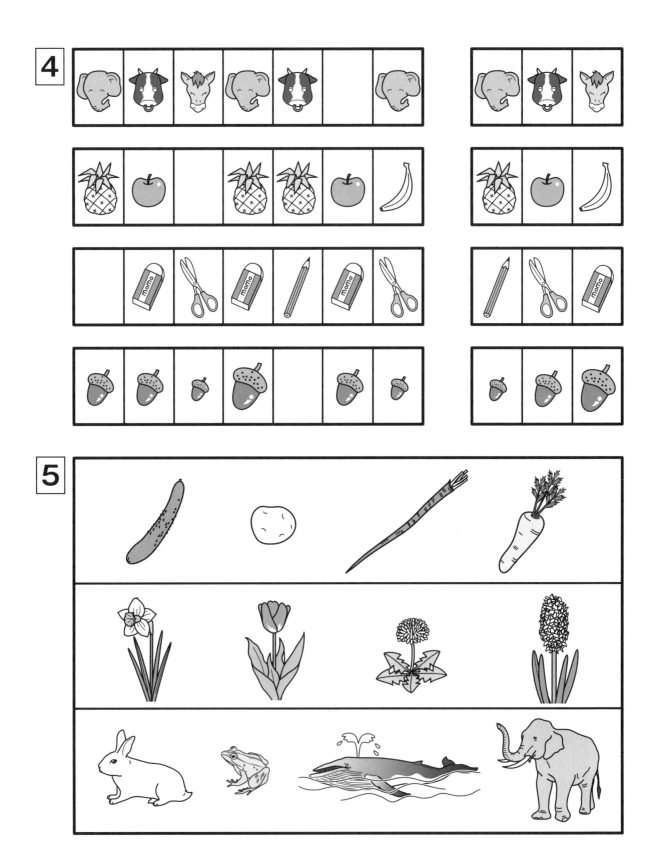

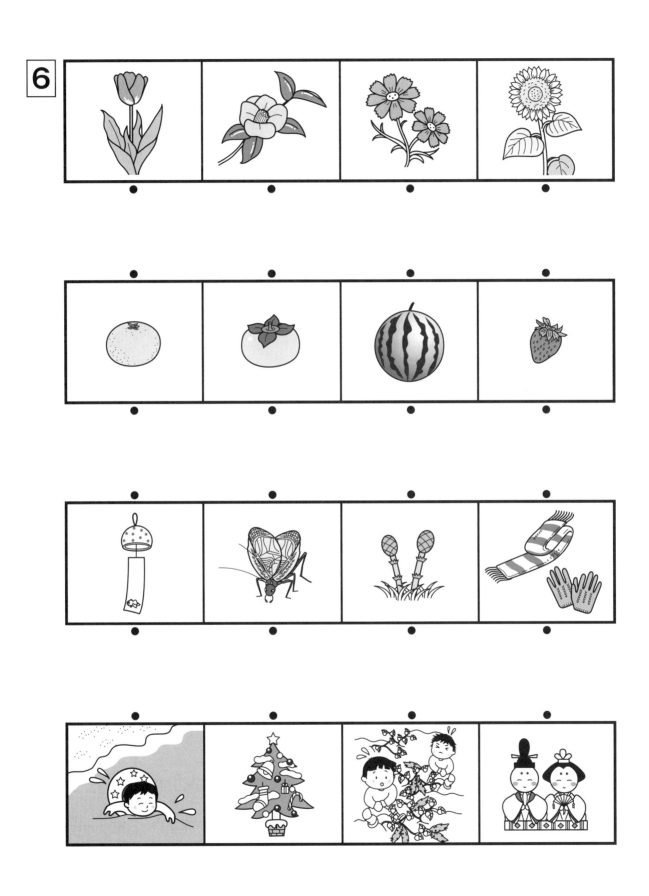

**7**

**8**

【お手本】　　　　　　　　　　　【プレート】

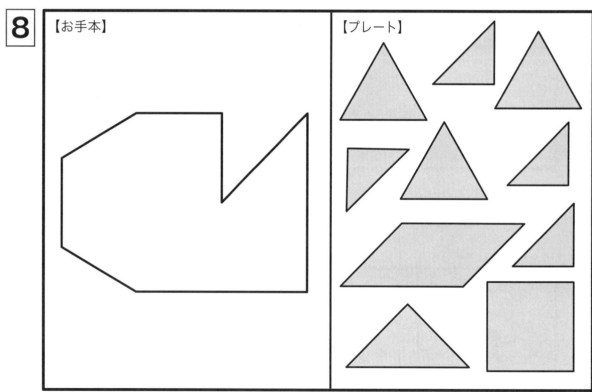

**9**

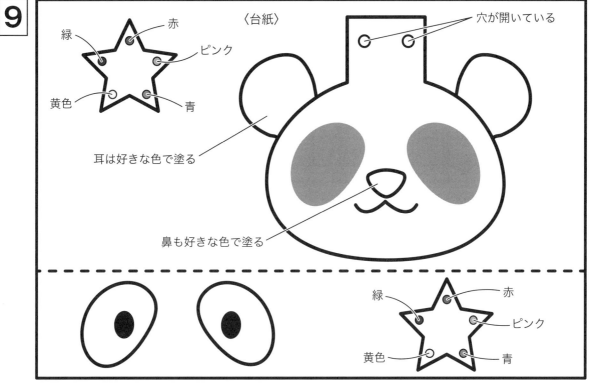

〈台紙〉

緑　赤　ピンク　黄色　青

穴が開いている

耳は好きな色で塗る

鼻も好きな色で塗る

緑　赤　ピンク　黄色　青

**10**

① 

② 

③ 

④

## ■ 選抜方法

考査は1日で、願書受付順にペーパーテスト、個別テスト、集団テスト、運動テストを行う。所要時間は2時間30分〜2時間45分。考査日前の指定日時に親子面接がある。

---

## ▌ペーパーテスト ▎筆記用具は鉛筆を使用し、訂正方法は // （斜め2本線）。出題方法は音声と口頭。

### 1 話の記憶

「たろう君とお父さんは、山の上にあるお寺の縁日に行きました。『お父さん、お祭りが楽しみだね』。『そうだね。今日行くのは、お祭りではなく縁日っていうんだよ』と話しながら電車に乗っていると、初めはビルばかりだった窓からの景色に、だんだん田んぼが見えるようになってきました。途中で止まった駅の周りには、ススキの野原が広がっていました。『お父さん、あのススキの真ん中に見えるものは何？』とたろう君が聞くと、『あれは、お地蔵さんだよ』とお父さんが教えてくれました。山の近くの駅で電車を降りて少し歩いていくと、畑の先にお店屋さんがありました。お店屋さんをのぞいてみるとシカやクマ、イノシシなど、珍しいお肉が売られていて、たろう君は少し驚きました。『あの階段を上るとお寺に着くよ』。『あの長い階段を上るの？　大変そうだなぁ』。『あの階段は100段あるんだよ。たろうは頑張って上れるかな？』と言うお父さんとのやりとりに、たろう君は『だいじょうぶ！　だって年長さんだもの』と大きな声で答えました。階段が山の上まで長く長く続いているので、本当に上まで上れるか、たろう君は実は少し心配でしたが、最後まで頑張って何とか階段を上り切りました。階段を100段も上ったので、たろう君は疲れておなかがすいてしまいました。『お父さん、おなかがすいた。何か食べようよ』。『そうだね、縁日の屋台で何か買って食べようか』。お寺の山門をくぐると、屋台がたくさん並んでいました。たろう君は、お父さんと一緒にたこ焼きとわたあめを買って食べました。『ああ、おなかいっぱい。お父さん、ほかのお店も見てみようよ』。『後で盆踊りがあるから、そのときにつけるお面を買おうか』。いろいろなお面がずらりと並んだお店で、お父さんは白いキツネのお面、たろう君は青いオニのお面を買いました。盆踊り大会の時間が近づくと、お寺は人でいっぱいになってきました。『僕、上手に踊れるかな？』『周りの人の踊りを見ながら踊れば、だいじょうぶだよ』。しばらくすると、太鼓の音と一緒に盆踊りの音楽が聞こえてきて、たろう君はワクワクしてきました」

・たろう君とお父さんが山へ行く途中の駅では、どのような景色が見えましたか。○をつ

けましょう。

・お父さんが買ったお面に○をつけましょう。

・お店屋さんに売っていたお肉に○をつけましょう。

## 2 数 量

・積んである積み木の数が一番多いものに○をつけましょう。

## 3 数 量

・イヌとサルがリンゴを食べようとしています。リンゴの数を同じにするには、イヌがサルにいくつリンゴをあげればよいですか。その数だけ下の四角に○をかきましょう。

## 4 数量（対応）

・ススキの野原にトンボが飛んでいます。1本のススキにトンボが1匹ずつ止まると、ススキが足りないようです。足りない数だけ下の四角に○をかきましょう。

## 5 推理・思考（四方図）

・左の四角にかいてある積み木を矢印の方から見た様子が右の四角に描いてあります。この右の絵の中で間違っているところに×をつけましょう。

## 6 数量（対応）

・上の段です。右端のウサギから順番に、すぐ下の四角の中にあるミカンを2個ずつ取っていったとき、ミカンをもらえない動物はどれですか。その動物に○をつけましょう。

・下の段です。右端のウサギから順番に、すぐ下の四角の中にあるモモを3個ずつ取っていったとき、モモをもらえない動物はどれですか。その動物に○をつけましょう。

## 7 常識（季節）

・左の列と真ん中の列、真ん中の列と右の列で、それぞれ同じ季節のものを選んで点と点を線で結びましょう。

## 8 常 識

・上の足跡は、下のどの生き物の足跡ですか。それぞれ合うものを選んで点と点を線で結びましょう。

## 9 常識（交通道徳）

・バスの中でよくないことをしている人の四角に×をかきましょう。

## ▌ 個別テスト ▌

### 10 構 成

お手本の台紙、ビニール袋に入ったプラスチックのプレート（大きい直角二等辺三角形2枚、小さい直角二等辺三角形2枚、平行四辺形1枚、正方形1枚、小さい直角三角形2枚の色板）が用意されている。
・プレートを袋から出してお手本の台紙にはめましょう。

## ▌ 集団テスト ▌

### ◼ 言 語

文章が書いてあるカードが裏返しで配られる。1人ずつ名前を呼ばれたら、そのカードを表にして、書いてあるひらがなの文章を座ったまま読む。
「うさぎがぴょんぴょんはねました」「かけっこでいちばんになりました」「おにごっこのおにをきめます」など。

### ◼ 集団ゲーム（ブロック積み）

5、6人のチームに分かれて行う。チームで相談してチーム名を決める。チームごとに、カラーボールが入った手が入る大きさの穴が開いている箱と、少し離れた机の上にトレーに入ったパターンブロックが用意されている。チームごとに並び、先頭の人から箱の穴に手を入れて中のカラーボールを取る。カラーボールの色が白なら2つ、ほかの色なら1つパターンブロックを選んで机の上に積んでいく。積んだら列に戻り、次の人にタッチして交代する。崩れたパターンブロックはトレーに戻す。2チーム対抗で行い、より高く積めたチームの勝ち。

### 11 制作（パフェ作り）

テスターがお手本で示した通りにパフェを作る。パフェのグラスが描かれた台紙（穴が開いている）、アイスクリームが描かれた紙、メロン、キウイ、イチゴがカラーで描かれた紙、青い折り紙、リボン、鉛筆が用意されている。持参したクレヨン、のり、はさみを使用する。
①台紙にかかれた点線を白丸から白丸まで鉛筆でなぞる。
②グラスの下の部分に好きな色のクレヨンで丸を3つかく。

③アイスクリームを好きな色のクレヨンで塗ってはさみで切り取り、台紙のグラスの上にのりで貼りつける。

④メロン、キウイ、イチゴをはさみで切り取り、台紙のアイスクリームの上に並べて貼る。

⑤青い折り紙を端から斜めにクルクルと巻いてストローを作り、パフェの台紙にセロハンテープで貼る（セロハンテープは巡回しているテスターが切って配ってくれるものを使う）。

⑥台紙の上にある穴にリボンを通してチョウ結びにする。

## 運動テスト

### ケンパー

スタートの線からゴールの線まで、ケンパーケンパーケンケンパーで進む。

### ボール投げ

ドッジボールを壁に向かって片手で投げる。壁に当たって戻ってきたドッジボールをキャッチし、テスターに渡す。

## 親子面接

先に子どもだけ先生の前に行き、両親は後方のいすで待つ。個別課題が終わったら、子どもと両親が場所を入れ替わり、子どもは後方のいすで待つ。

### 本人

・お名前を教えてください。

・幼稚園（保育園）の名前を教えてください。

・幼稚園（保育園）で好きな遊びは何ですか。誰と遊びますか。

・今日はここまでどのようにして来ましたか。

・朝ごはんは何を食べてきましたか。

・どのようなお手伝いをしますか。台所ではお母さんのお手伝いをしますか。

・お父さんのどのようなところが好きですか。

・お父さんはどのようなところへ連れていってくれますか。

・お母さんのどのようなところが好きですか。

・好きなテレビ番組は何ですか。

・誰とお風呂に入りますか。お風呂でどのようなお話をしますか。

・跳ぶもの（跳ねるもの）をできるだけたくさん言ってください。

### 常識

・（秋の食べ物の写真を見せて）どれが好きですか。お父さんはどれが好きですか。わからなかったら聞いてみてください。
・（秋の食べ物の写真を見せて）これは何ですか。それを使って、お母さんはどんなお料理を作ってくれますか。

## 📖 お話作り

動物たちが大きな木のところまで行く過程が描かれた４枚の絵を見せられる。１枚目はテスターがお話を作って聞かせ、残りの３枚は本人が自由に並べ替えてお話を作る。出てくる動物の会話も入れてお話を作り、聞かせてくださいと言われる。

### 父　親

・自己紹介をしてください。
・学校説明会にいらっしゃいましたか。ほかの行事には参加されましたか。
・本校の印象をお聞かせください。
・志望理由を教えてください。
・本校を選んだ決め手は何ですか。
・ご自身の学生時代の経験から、お子さんに伝えていきたいものは何ですか。
・今までの人生でお子さんに伝えたいことは何ですか。
・お子さんにはどのような成長を望まれますか。
・ご趣味は何ですか。

### 母　親

・自己紹介をしてください。
・学校説明会にいらっしゃいましたか。ほかの行事には参加されましたか。
・本校の印象をお聞かせください。
・数ある小学校から本校を選んだのはなぜですか。
・お子さんが苦手としていることは何ですか。
・お子さんにできないことがあったとき、どのように声をかけますか。
・最近、お子さんが目をキラキラと輝かせることはありましたか。それはどんなことですか。
・お子さんのごきょうだいはどちらの学校ですか。
・お食事中にはどのような会話をされますか。
・父親と母親の役割をどのように考えますか。
・専業主婦ですか。
・ご趣味は何ですか。

**1**

**2**

**3**

**4**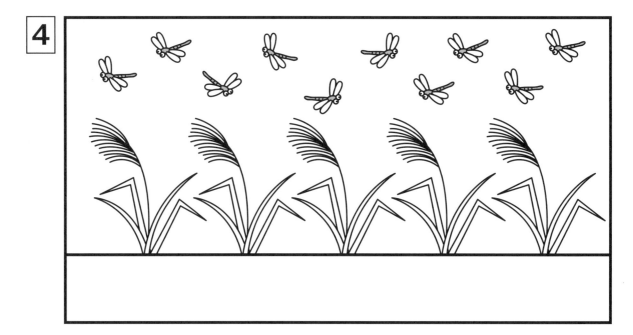

**5**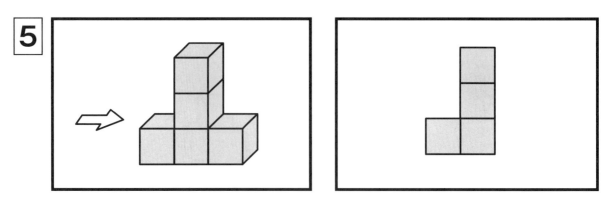

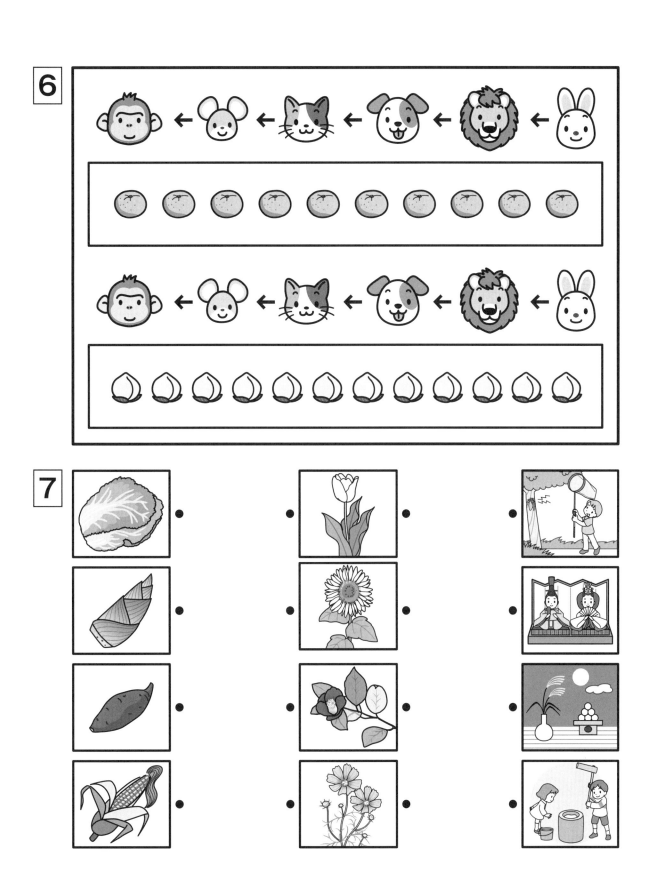

**8**

**9**

10

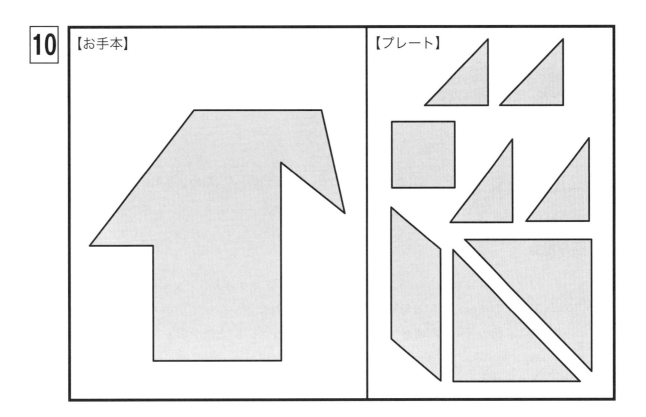

【お手本】　　　　　　　　　　　　　　　　　　【プレート】

11

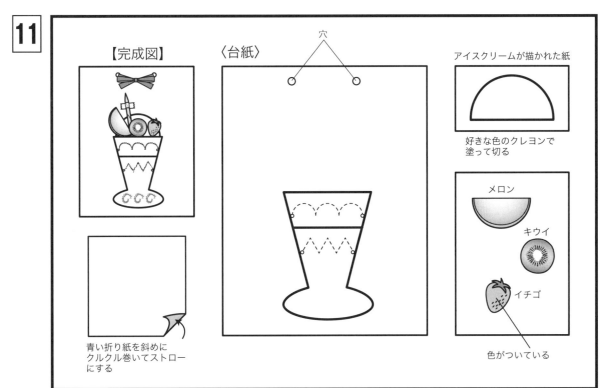

【完成図】　　〈台紙〉　　穴　　　　アイスクリームが描かれた紙

好きな色のクレヨンで
塗って切る

メロン
キウイ
イチゴ
色がついている

青い折り紙を斜めに
クルクル巻いてストロー
にする

# 2017 カリタス小学校入試問題

## ■ 選抜方法

考査は1日で、願書受付順にペーパーテスト、個別テスト、集団テスト、運動テストを行う。所要時間は約2時間。考査日前の指定日時に親子面接がある。

## ┃ ペーパーテスト ┃ 筆記用具は鉛筆を使用し、訂正方法は // （斜め2本線）。出題方法はテープと口頭。

### 1 話の記憶

「クマのタロウ君のお母さんが言いました。『タロウの大好きなおばあちゃんが病院に入院してしまったの。お見舞いに行ってきてくれないかしら』。タロウ君は『うん、わかったよ。僕の元気でおばあちゃんを元気にしてあげる！』と張り切っています。お母さんは、庭に咲いていたコスモスを3本摘んでカゴに入れ、タロウ君に渡しながら言いました。『これをおばあちゃんの病室の花瓶に生けてちょうだい。病院に行く前に果物屋さんに寄って、おばあちゃんの好きなバナナとリンゴを買っていってね。果物屋さんは、お家を出て真っすぐ進んで3つ目の角を左に曲がってすぐのところにあるわ。果物屋さんを出て公園の横を通って真っすぐに進んで2つ目の角を右に曲がると病院よ』。『はい、行ってきます』と答えて、タロウ君はさっそく出かけました。果物屋さんに行く途中、ヤギのおばさんに会いました。『タロウ君、どこへ行くの？』とヤギのおばさんは聞きました。『おばあちゃんが入院しているから、お見舞いに行くところなの』とタロウ君が答えると、ヤギのおばさんは『そうなの、えらいわね。ではおばあちゃんにこのようかんも渡してくれるかしら？』と言って、タロウ君にようかんを渡しました。『ありがとう、ヤギおばさん。行ってきます』と答えて、タロウ君はまた歩き出しました。ゾウおじさんの果物屋さんに着くと、タロウ君は『バナナとリンゴをください』と言いました。『これからどこに行くのかな？』と聞かれ、タロウ君はおばあちゃんのお見舞いに行くことを話しました。するとゾウおじさんは、『それはえらいね。では、おまけにこのカキもあげるから、一緒におばあちゃんに渡してくれるかい？』と言って、タロウ君にカキを渡しました。『ありがとう、ゾウおじさん。行ってきます』と答えて、タロウ君は果物屋さんを出ました。病院に着いて2階にあるおばあちゃんの病室に入ると、おじいちゃんもお見舞いに来ていました。『おばあちゃん、おじいちゃん、僕だけでお見舞いに来たよ』とタロウ君は言って、お土産のバナナとリンゴとようかんとカキを渡し、花瓶にコスモスを生けました。おばあちゃんは、『タロウ君、ありがとう』と言いました。『どういたしまして。早く元気になってね、おばあちゃん』。病院からの帰り道はおじいちゃんがタロウ君をお家まで送り、途中でケーキを買ってくれ

ました」

- ・タロウ君は誰のお見舞いに行きましたか。○をつけましょう。
- ・タロウ君が病院へ持っていったものに○をつけましょう。
- ・タロウ君が病院へ行くときに通った道に線を引きましょう。

### 2 常識（季節）

- ・上の段と真ん中の段、真ん中の段と下の段で、それぞれ仲よしのものを選んで点と点を線で結びましょう。

### 3 常　識

- ・土の中にできる野菜に○をつけましょう。

### 4 常識（交通道徳）

- ・電車がホームに止まっています。この絵の中でいけないことをしている人に×をつけましょう。

### 5 推理・思考（比較）

- ・いろいろな形がかいてあります。この中で同じ広さのものはどれですか。同じものに○をつけましょう。

### 6 推理・思考（四方図）

- ・左の積み木を上や下から見ると、どのように見えますか。合うものを右から選んで点と点を線で結びましょう。

### 7 数量（対応）

- ・4つのカゴにブドウを1つずつ、モモとリンゴを2つずつ入れるとすると、足りない果物はどれですか。その果物の絵の下の四角に、足りない数だけ○をかきましょう。

## 個別テスト

### 8 構　成

お手本の台紙、ビニール袋に入ったプラスチックのプレート（大きい三角形2枚、小さい三角形1枚、平行四辺形1枚、正方形2枚の色板）が用意されている。
- ・プレートを袋から出してお手本の台紙にはめましょう。

## 集団テスト

### ■ 言　語

文章が書いてあるカードが裏返しで配られる。1人ずつ名前を呼ばれたら、そのカードを表にして、書いてあるひらがなの文章を座ったまま読む。

「うさぎがぴょんぴょんはねました」「えほんをかってもらいました」「だいどころでおさらをあらっています」など。

### 9　制作（魚と釣りざお作り）

魚の形の線がかいてある台紙（目の穴が開いている）と、黄色と黄緑の短冊状の画用紙、さお用の画用紙、ひも、クリップが配られる。持参したはさみを使用する。

①台紙を線の通りに魚の形に切り取る。

②切り取った魚を点線のところで半分に折り、線の通りにはさみで切り込みを入れる。

③黄色と黄緑の短冊状の画用紙を、魚の切り込みに互い違いに通し、市松模様になるようにする。

④さお用の紙を斜めに丸めて巻いていき、細長い棒を作る。巻き終わりの1ヵ所をセロハンテープで留める（セロハンテープは巡回しているテスターが切って渡してくれるものを使う）。

⑤細長い棒の先に、ひもをセロハンテープで貼りつける。

⑥クリップの端を開いて釣り針を作り、ひもの先にかた結びでつける。できあがったら、テスターの合図があるまで席で静かに座って待つ。

### ■ 行動観察（魚釣り）

青いビニールシートの上に段ボール箱が置いてある。箱の中に制作で作った魚を入れ、魚釣りをして遊ぶ。

### ■ 行動観察（神経衰弱）

12枚の絵カードを使用する。3、4人ずつのグループに分かれ、相談してグループ名を決める。グループごとに絵カードで神経衰弱をする。

### ■ リズム・ダンス

「アンパンマンのマーチ」の歌に合わせてダンスをする。初めはテスターのお手本をまねして練習し、覚える。その後、子どもたちだけでダンスをする。

## 運動テスト

### 両足跳び

等間隔で並んでいる積み木を、両足跳びで続けて跳び越えていく。終わったら指示された場所で体操座りで待つ。

## 親子面接

先に子どもだけ先生の前に行き、両親は後方のいすで待つ。個別課題が終わったら、子どもと両親が場所を入れ替わり、子どもは後方のいすで待つ。

### 本人

・お名前を教えてください。
・今日はここまでどのようにして来ましたか。
・お休みの日にお父さんと出かけますか。どこに行きますか。（行く場所を答えると）そこでは何をしますか。
・台所でお母さんのお手伝いをしますか。どのようなお手伝いをしますか。

### 常識

・（ミカンを見せて）これは何ですか。ミカンとレモンの違いは何ですか。

### お話作り

4枚の絵を見せられる。1枚目（動物が木の実を拾っている様子の絵）は、テスターがお話を作って聞かせ、残りの3枚（キツネが切り株で転ぶ絵、キツネがケーキを持ってお家に帰る絵、キツネのお家の前に切り株がある絵）は本人が自由に並べ替えてお話を作る。出てくる動物の気持ちなども考えながらお話を作って、聞かせてくださいと言われる。

### 父親

・自己紹介をしてください。
・本校の学校説明会や行事には参加されましたか。
・体験Dayにはいらっしゃいましたか。
・志望の決め手は何でしたか。
・本校の印象をお聞かせください。
・ご自身が子どものころと今の子どもとを比べて、同じだと思うところと違うと思うところをお話しください。
・今と昔で変わらないものは何だと思いますか。父親としてそれをお子さんにどのように

2023

2022

2021

2020

2019

2018

2017

2016

2015

2014

　伝えますか。

・世の中は変化が多いですが、変わらず伝えていきたいものは何ですか。

母　親

・自己紹介をしてください。

・本校の学校説明会や行事には参加されましたか。

・本校の印象をお聞かせください。

・志望動機をお聞かせください（父母どちらへの質問か指定がなく、母が答えた）。

・ご主人とお子さんとのかかわりはいかがですか。

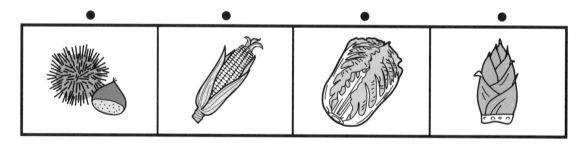

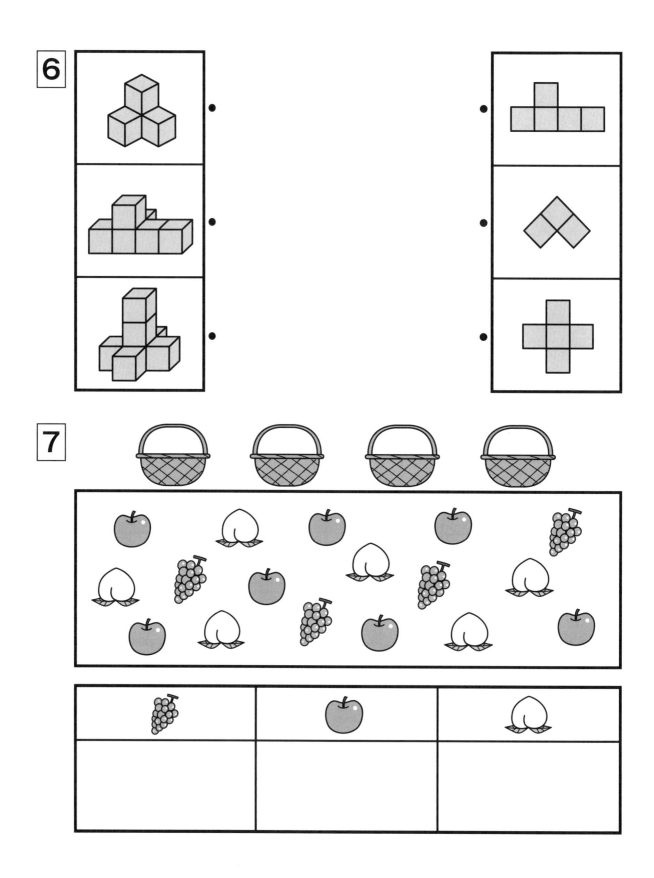

**6**

**7**

**8**

【お手本】

【プレート】

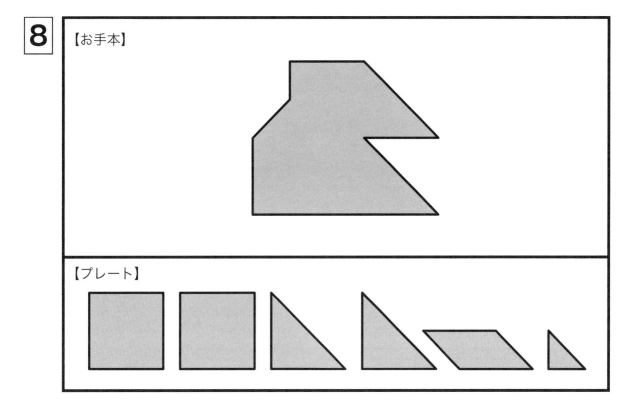

**9**

〈魚の台紙〉

〈釣りざお〉

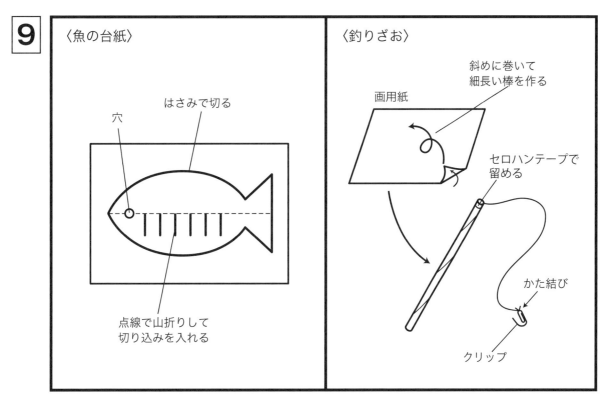

# 2016 カリタス小学校入試問題

## ■ 選抜方法

考査は1日で、願書受付順にペーパーテスト、個別テスト、集団テスト、運動テストを行う。所要時間は約2時間。考査日前の指定日時に親子面接がある。

## ┃ ペーパーテスト ┃ 筆記用具は鉛筆を使用し、訂正方法は //（斜め2本線）。出題方法はテープと口頭。

### 1 話の記憶

※カラーで出題。絵の中の指示通りに持ち物に色を塗ってから行ってください。

「わたしは、お兄ちゃんとお姉ちゃんと一緒に3人で、おじいちゃんとおばあちゃんのお家に行ってお泊まりをすることになりました。さっそく、お出かけの準備をしました。お兄ちゃんは青いリュックサック、お姉ちゃんは水色の水筒を持ちました。わたしは真ん中にウサギの絵のついたお気に入りの黄色いバッグを持ち、そして髪の毛に赤いリボンもつけてもらって、さあ出発です。電車に乗ると、ちょうど3人分の席が空いていました。3人で座ろうとすると赤ちゃんを抱っこしている人がいたので、お兄ちゃんが席を譲ってあげました。おじいちゃんとおばあちゃんのお家に着くと、おばあちゃんが、畑で採れたスイカとトマト、ゆでたトウモロコシを切って持ってきてくれました。わたしたち3人は『おいしい、おいしい』とたくさん食べました。夜になってお布団に入ると、『明日はいっぱい楽しいことをしたいな』と思いながら目を閉じました」

・おじいちゃんとおばあちゃんのお家に行くときに、3人が持っていったものはそれぞれ何でしたか。合うもの同士の点と点を線で結びましょう。
・おばあちゃんが畑から採ってきたものではないものに、○をつけましょう。
・お兄ちゃんが席を譲ったのは誰でしたか。○をつけましょう。

### 2 数量（分割）

・ブタとウサギとリスで3個ずつリンゴを食べようとしたら、1個足りませんでした。下の3つの箱のうち、どの箱のリンゴを分けようとしたのでしょうか。正しいものに○をつけましょう。

### 3 数 量

・上の四角の中のビーズを全部使ってできるブレスレットを下から選んで、点と点を線で

結びましょう。

### 4 常識（季節）

・春、夏、秋、冬の絵があります。この中でおかしいところに×をつけましょう。

### 5 観察力

・いろいろな形がかいてあります。この中で角が4つある形に○をつけましょう。

### 6 常　識

・上の絵の生き物が子どものときの絵を下から選んで、点と点を線で結びましょう。

### 7 常識（道徳）

・子どもたちが公園で遊んでいます。この絵の中でいけないことをしている子に×をつけましょう。

### 8 推理・思考（比較）

・いろいろな形がかいてあります。この中で同じ大きさのものはどれですか。同じものに○をつけましょう。

## 個別テスト

### 9 構　成

お手本の台紙、ビニール袋に入ったプラスチックのプレート（大きい三角形2枚、中くらいの三角形2枚、小さい三角形2枚、平行四辺形1枚、正方形1枚の色板）が用意されている。
・プレートを袋から出してお手本の台紙にはめましょう。

## 集団テスト

### 言　語

文章が書いてあるカードが裏返しで配られる。1人ずつ名前を呼ばれたら、そのカードを表にして、書いてあるひらがなの文章を座ったまま読む。
「くまさんがつぶやいています」「おちゃをのむ」「おかあさんとこうえんへいきました」など。

## 📖 集団ゲーム（生き物バスケット）

いろいろな生き物（ネコ、ゾウ、ライオン、ニワトリ）のシールのうち1枚をゼッケンの胸のところに貼る。丸く並べられたいすに座り、フルーツバスケットの要領でゲームを行う。オニが生き物の鳴きまねとポーズ（ゾウ→「パオーン」と鳴いて手をゾウの鼻のように動かす、など）をしたら、その生き物のシールをつけた人は席を移動する。オニが手で鉄砲を作って「バーン」と言ったら、全員が席を移動する。すぐ隣の席に移動してはいけないというお約束を守って行う。最初はテスターがオニになり、次からは座れなかった人がオニになる。

## 10 制作・生活習慣

チューリップの絵が描いてある黄色い台紙（穴が開いている）と、花瓶の絵が描いてある白い台紙、ピンクのリボン、赤い折り紙、青のクーピーペン、赤と青の細長い紙が用意されている。持参したつぼのり、はさみ、新聞紙を使用する。のりが机につかないように、あらかじめ新聞紙を机の上に敷く。

①赤い折り紙でチューリップを折る。

②折ったチューリップを、黄色い台紙のチューリップの花の上にのりで貼る。

③花瓶の台紙の点線（模様）を青のクーピーペンでなぞる。

④長さの異なる青と赤の細長い紙を、花瓶の模様の長さの合うところにのりで貼る。その後、花瓶の周りの線をはさみで切る。

⑤できあがった花瓶をチューリップの台紙にのりで貼り、上部の穴にリボンを通して、チョウ結びをする。

作業が終わった後、下に敷いていた新聞紙はゴミ箱に捨て、洗面所に手を洗いに行く。

## 📖 リズム・ダンス

「アンパンマンのマーチ」の歌に合わせてダンスをする。初めはテスターのお手本をまねして練習し、覚える。その後、子どもたちだけでダンスをする。

## ▌運動テスト ▌

## 📖 連続運動

ケンケンをする→ドッジボールを取る→ドッジボールを両手で持ち、コーンの間をジグザグに走って戻る→ボールを返す→ケンケンで戻る。終わったら、スタート位置にあるコーンの後ろに並ぶ。

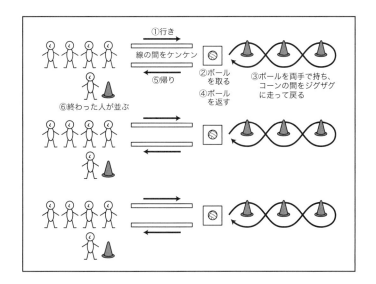

①行き
線の間をケンケン
⑤帰り
②ボールを取る
④ボールを返す
③ボールを両手で持ち、コーンの間をジグザグに走って戻る
⑥終わった人が並ぶ

## 親 子 面 接

先に子どもだけ先生の前に行き、両親は後方のいすで待つ。個別課題が終わったら、子どもと両親が場所を入れ替わり、子どもは後方のいすで待つ。

## 本 人

・お名前を教えてください。

・幼稚園（保育園）の名前を教えてください。

・今日ここまでどのようにして来ましたか。

・この学校には以前に来たことはありますか。

・（来たことがあるという答えを受けて）そのときどう思いましたか。

・（来たことがないという答えを受けて）今日来てどう思いましたか。よいところはありましたか。

・お休みの日にはお父さんと出かけますか。どこに行きますか。（行く場所を答えると）そこでは何をしますか。

・いつもお父さんと何をして遊びますか。

・お休みの日にはどこにお出かけしますか。

・お風呂には誰と入りますか。お風呂でどのようなことを話しますか。

・好きな本はありますか。その本のどのようなところが好きですか。

## 常 識

・（リンゴまたはナシを見せて）これは何ですか。リンゴとナシの違いは何ですか。どちらが好きですか。

・（卵を見せて）これは何ですか。お母さんはこれを使ってどのようなお料理を作ってくれますか。（料理の名前を1つ答えると）ほかにありますか。

・（サツマイモを見せて）これは何ですか。お母さんはサツマイモを使ってどのようなお料理を作ってくれますか。

## 📖 お話作り

ウサギ、ネズミ、カメ、ゾウがかけっこをする様子を描いた4枚の絵を見せられる。1枚目はテスターがお話を作って聞かせ、残りの3枚は本人が自由に並べ替えてお話を作る。出てくる動物の気持ちなども考えながらお話を作って、聞かせてくださいと言われる。

### 父　親

・自己紹介をしてください。
・本校の学校説明会や行事には参加されましたか。
・本校の印象をお聞かせください。
・ご自身が子どものころと今の子どもとを比べて、同じだと思うところと違うと思うところをお話しください。
・「目に見えないもの」の大切さについてどのようにお考えですか。
・「目に見えないもの」でお子さんに伝えたいものは何ですか。
・ご趣味を教えてください。
・今後、転勤されるご予定はありますか。

### 母　親

・自己紹介をしてください。
・本校の学校説明会や行事には参加されましたか。
・本校の印象をお聞かせください。
・ほかの学校ではなく、本校を選ばれたのはどうしてですか。
・ご自身とお子さんはどこが似ていると思われますか。
・（子どもが女子の場合）将来お子さんにはどのような女性になってほしいと思いますか。
・食育についてどのようにお考えですか。
・お子さんには食べ物の好き嫌いがありますか。
・ご趣味は何ですか。
・通学時間はどれくらいですか。
・ご自宅から学校まで距離が遠いですが、大丈夫ですか。
・ご自身が大切にしていることで、お子さんに伝えたいことは何ですか。
・（同校出身の場合）ご自身が通われていたときと違うことは何だと思いますか。

**1**

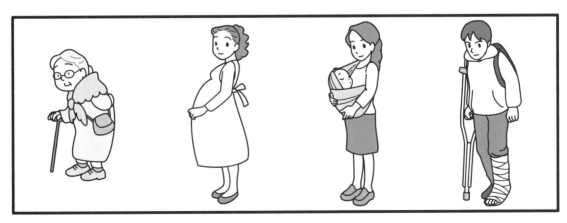

**2**

  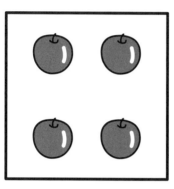

**3**

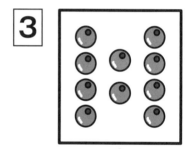 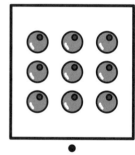 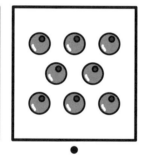

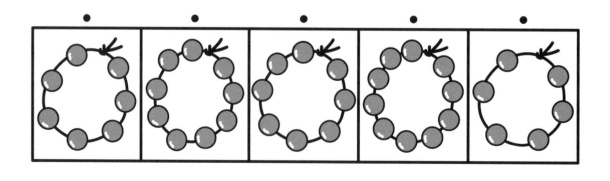

**6**

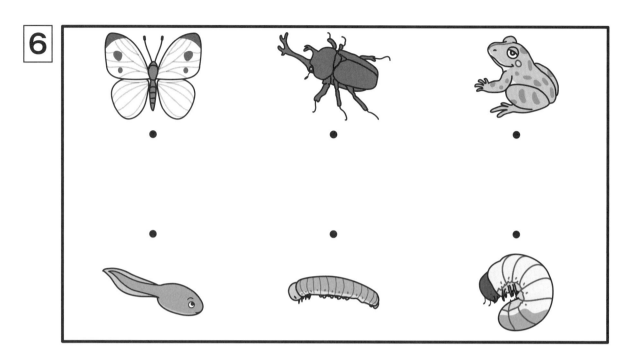

**7**

**8**

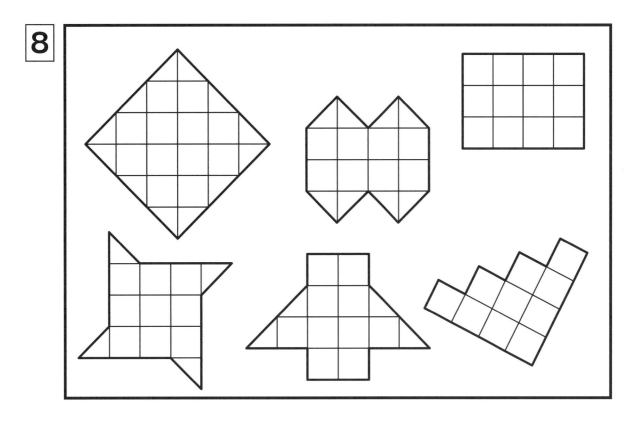

**9**

【お手本】　　　　　　　　　　　　【プレート】

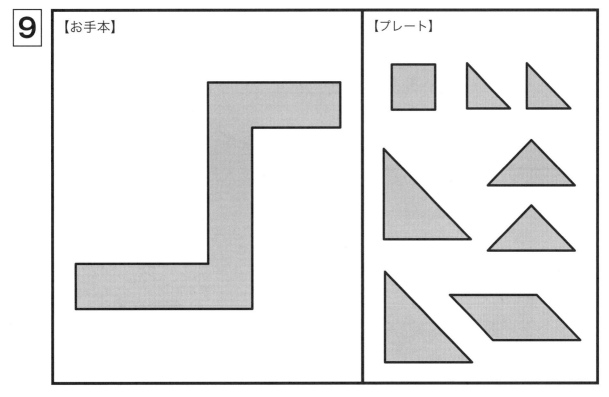

**10**

① チューリップを折る

② 折ったチューリップを台紙のチューリップの花の上に貼る

穴　穴

黄色い
台紙

③ 花瓶の台紙の点線を
　青いクーピーペンでなぞる

④ 赤・青の細長い紙を花瓶に貼った後、
　花瓶をはさみで切り取る

赤　青

⑤ 花瓶をチューリップの台紙に貼り、リボンを
　穴に通してチョウ結びをする

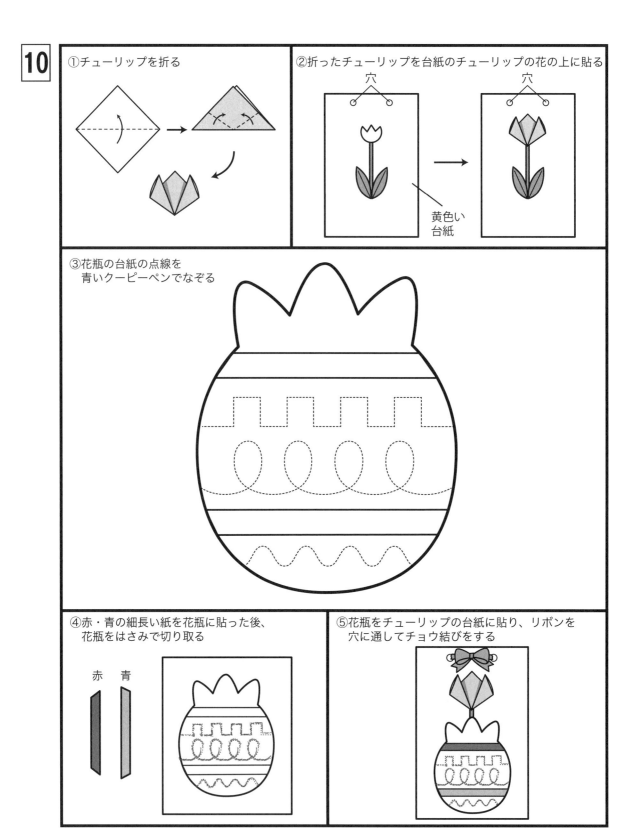

# <sup>section</sup> 2015 カリタス小学校入試問題

## ■ 選抜方法

考査は1日で、願書受付順にペーパーテスト、個別テスト、集団テストを行う。所要時間は約2時間。考査日前の指定日時に親子面接がある。

## ┃ ペーパーテスト ┃ 筆記用具は鉛筆を使用し、訂正方法は // （斜め2本線）。出題方法はテープと口頭。

### 1 話の記憶

　「いよいよ今日は、動物村のキャンプです。ヤギさん、ヒツジさん、ウサギさん、サルさん、リスさんがキャンプに参加しました。キャンプ場に着くと、まず、サルさんがテントを張る係になりました。テントを張り終わり、明かりをつけました。その後は、みんなでオニごっこをして遊びました。リスさんがオニです。ウサギさんは走るのがとても速くて、一度も捕まりませんでした。オニごっこをして遊んだ後は、晩ごはんを作ります。今日の晩ごはんはカレーライスです。ウサギさんとヒツジさんとリスさんが食事を作る係になりました。ウサギさんとリスさんがカレーを作り、ヒツジさんがご飯を炊きます。カレーもおいしくできあがり、ご飯を炊いてくれたヒツジさんにウサギさんが『ありがとう』と言いました。晩ごはんの後、みんなできれいな星空を見てから、テントに入って寝ました。こうして、楽しいキャンプの1日が終わりました」

・サルさんは何の係でしたか。上の段に○をつけましょう。

・カレーを作ったのは誰でしたか。真ん中の段に○をつけましょう。

・オニごっこをして一度も捕まらなかったのは誰でしたか。下の段に○をつけましょう。

### 2 数　量

・左の四角の中のリンゴの数を数えて、それと同じ数だけ丸がかいてある四角を右から2つ選んで○をつけましょう。

## ┃ 個別テスト ┃

### 3 構　成

お手本の台紙、ビニール袋に入ったプラスチックのプレート（大きい三角形1枚、小さい

三角形2枚、平行四辺形1枚、正方形1枚の色板）が用意されている。

・プレートを袋から出してお手本の台紙にはめましょう。

## 🔲 推理・思考

赤、青、黄色の長さが違うリボンがある。黄色のリボンを何本つなげれば、赤と青それぞれのリボンの長さになるか答える。

## 📘 集団テスト

## 🔲 指示の理解

小さな箱が横1列に並んでいる。小さな丸いビーズを1個ずつ指でつまんで、左端の箱に1個、隣の箱に2個、その隣は3個というようにビーズの数を増やしていき、箱の中に入れる数が10個になるまで続ける。

## 🔲 言　語

1人ずつ名前を呼ばれて、プリントに書かれたひらがなを読む。
「おとうさんはなんでもしっている」など。

## 🔲 集団ゲーム

・風船運びゲーム…6人くらいのチームに分かれて行う。グループで相談してチーム名を決める。テスターが一人ひとりに1〜6まで番号をつけ、その順番通りに風船をついて隣のお友達に渡していく。ただし、風船は必ず片手でつくこと、床に落ちたら最初の人からやり直すことがお約束として言われる。お約束を守って、一番多く風船を運べたチームが勝ち。

・まねっこゲーム…テスターの指示に従い、決められたポーズをする。
　　　　　　　　ウサギ：ウサギのように3回跳んだ後、じっとする。
　　　　　　　　カエル：カエルのように3回跳んだ後、じっとする。
　　　　　　　　かかし：片足立ちする。
　　　　　　　　バレリーナ：ターンする。

## 🔲 制作・生活習慣

画用紙を使って、テスターがお手本で示した通りにカメを作る。画用紙以外は、持参したつぼのり、はさみ、新聞紙を使用する。のりが机につかないように作業の前に新聞紙を敷き、作業が終わった後はゴミ箱に捨てる。作業後は洗面所に手を洗いに行く。

## 親 子 面 接

先に子どもだけ先生の前に行き、両親は後方のいすで待つ。個別課題が終わったら、子どもと両親が場所を入れ替わり、子どもは後方のいすで待つ。

### 本 人

- お名前を教えてください。
- お休みの日はどこに出かけますか。
- この学校には何回来ましたか。
- お風呂は誰と入りますか。どんなことを話しますか。
- 好きな本はありますか。どんなところが好きですか。
- お休みの日は外に行きますか。（行くと答えた場合）そこで何を発見しましたか。

### 常 識

- （ピーマンを見せて）これは何ですか。ピーマンは好きですか。お母さんが作るピーマンの入ったお料理を教えてください。
- （ジャガイモを見せて）これは何ですか。お母さんはジャガイモを使ってどんなお料理を作ってくれますか。
- （サツマイモを見せて）これは何ですか。お母さんはサツマイモを使ってどんなお料理を作ってくれますか。

### お話作り

4枚の絵を見せられる。1枚目はテスターがお話（メダカ、カニ、カエル、アヒルが水の中で競争するという話）を作って聞かせ、残りの3枚は本人が自由に並べ替えてお話を作る。出てくる動物の気持ちなども考えながらお話を作って、聞かせてくださいと言われる。

### 父 親

- 自己紹介をしてください。
- 学校説明会にはいらっしゃいましたか。ほかの行事には参加されましたか。
- 本校のどのようなところがよかったですか。
- ご夫婦で関心のあることは何ですか。
- ご自宅が本校から遠いようですが、通学に不安はありませんか。
- ご夫婦の共通の趣味や興味を持っていることは何ですか。
- お父さまが大切にしていることで、お子さんに伝えたいことは何ですか。

### 母 親

- 自己紹介をしてください。

・学校説明会にはいらっしゃいましたか。ほかの行事には参加されましたか。

・本校をどのようにして知りましたか。

・ご趣味は何ですか。

・お子さんをほめるのはどんなときですか。

・お子さんをきつくしかるのはどんなときですか。

・学校のＰＴＡに参加したいですか。

・学校のＰＴＡで役員や理事はしていただけますか。

・お仕事をされていますが、緊急時のお迎えは大丈夫ですか。

・本校は学校行事が多いですが、参加できますか。

・お母さまが大切にしていることで、お子さんに伝えたいことは何ですか。

**3** 【プレート】

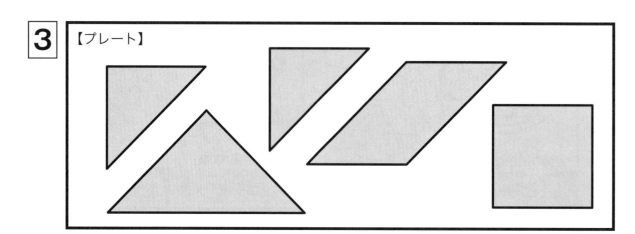

【お手本】

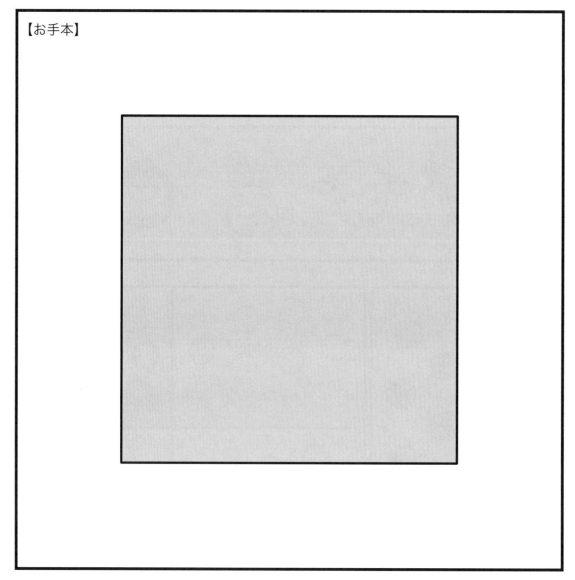

# 2014 カリタス小学校入試問題

section

## ■ 選抜方法

考査は1日で、願書受付順にペーパーテスト、個別テスト、集団テストを行う。所要時間は約2時間。考査日前の指定日時に親子面接がある。

---

## ┃ ペーパーテスト

筆記用具は鉛筆を使用し、訂正方法は // (斜め2本線)。出題方法はテープと口頭。

---

### 1 話の記憶

テスター2人がペープサートを用いて出題。

「今日は幼稚園のマラソン大会です。ライオン君、パンダさん、ネコさん、リス君が集まりました。野原にある大きなイチョウの木がゴールです。園長のフクロウ先生が笛を吹いてスタートしました。ライオン君は走るのが速く、川も一気に跳び越えました。山を登り森にやって来ましたが、ほかのみんなはまだ来ません。くたびれたので木に寄りかかっていると、そのまま寝てしまいました。その間にパンダさんとネコさんは手をつないで走り、一緒に川を渡り、山を越え、森にやって来ました。そしてライオン君を追い抜き、カメ池も渡り、仲よく一緒に1着でゴールしました。水が苦手なリス君は、川を避けるために遠回りをして遅くなってしまいましたが、頑張ってゴールしました。ライオン君は目が覚めてからすごいスピードで追いかけましたが、最後にゴールしました。園長のフクロウ先生は、競走をずっと木の上で見ていました」

・今聞いたお話のマラソンはどこを順番に通りましたか。左から順番に並んでいる段に○をかきましょう。
・下の長四角です。最初にゴールした動物に○をつけましょう。
・同じところです。最後にゴールした動物に×をつけましょう。

### 2 数量 (対応)

・4匹のネコに1匹ずつ魚をあげると魚は何匹足りませんか。その数だけ右側に○をかきましょう。
・4頭のウマが2本ずつニンジンを食べるとニンジンは何本足りませんか。その数だけ右側に○をかきましょう。

### 3 数 量

・左の積み木の数を数えて、右側の四角にその数だけ○をかきましょう。

4 **観察力（同図形発見）**

・上のお手本と同じものが同じ数だけ入っている四角に○をつけましょう。

5 **常識（季節）**

・上の絵の季節と仲よしのものを下から選んで、点と点を線で結びましょう（例題として左端の入学式とチューリップを結んでから行った）。

## 個別テスト

6 **構　成**

お手本の台紙、ビニール袋に入ったプラスチックのプレート（大きい三角形2枚、小さい三角形2枚、平行四辺形1枚、正方形1枚の色板）が用意されている。

・プレートを袋から出してお手本の台紙にはめましょう。

## 集団テスト

7 **巧緻性**

・渦巻きになっている黒い線の真ん中を、矢印のところからどんどんちぎっていきましょう。

8 **制作・生活習慣（フルーツのプレート作り）**

リンゴとバナナが描かれた四角の台紙、ブドウをのせたお皿が描かれた四角の台紙（穴が開いている）、赤いリボン、クレヨン、つぼのり、はさみが用意されている。作業のときはのりが机につかないように、バッグに入れて持参した新聞紙を机の上に敷く。

・リンゴとバナナにクレヨンで色を塗り、はさみで切り取りましょう。台紙のお皿の周りをはさみで切り、リンゴとバナナをお皿の好きなところにのりで貼りましょう。お皿の穴にリボンを通してチョウ結びをし、できあがったら1ヵ所にまとめて貼るので持ってきてください。新聞紙は、小さくたたんで自分のバッグに入れましょう。終わったら手を洗いましょう。

📖 **言　語**

1人ずつ名前を呼ばれて、プリントに書かれたひらがなを読む（着席のまま）。

「ぼうしをかぶっておでかけします」「そとからかえったらてをあらいましょう」「おかあさんといっしょにあそびました」など。

## 🔖 集団ゲーム

4、5人で行う。

・ジャンケンゲーム…グループで相談してチーム名を決める。テスターとジャンケンをして、勝った人の数だけパターンブロックを取ってくる。できるだけ高くなるように積む。ブロックが1個倒れたときは戻してもよいが、全部倒れた場合はやり直す。

・ボール送りゲーム…1列に並びドッジボールを後ろの人に上から渡していく。その後、今度はボールを足の下から順に前の人へ送っていく。

・ボール転がしゲーム…竹を半分に割ったような半円形の筒がグループに4本渡される。それを1人が1本持ち、そこにボールを転がして次々に筒で受けながらバケツに入れていく。そのときボールに触ってはいけないことと、筒はくっつけず少し離して斜めにするようにと言われる。転がすボールはいろいろな種類がある。ほかのチームが競争しているときは、体操座りで応援しながら待つ。

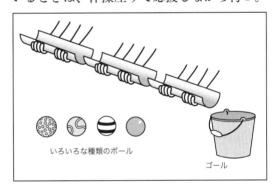

いろいろな種類のボール

ゴール

## | 親 子 面 接 |

先に子どもだけ先生の前に行き、両親は後方のいすで待つ。個別課題が終わったら、子どもと両親が場所を入れ替わり、子どもは後方のいすで待つ。

## 本 人

・お名前を教えてください。
・幼稚園（保育園）の名前を教えてください。誕生日を教えてください。
・大事にしているものは何ですか。
・今一番欲しいものは何ですか。

・家族で出かけて楽しかったところはどこですか。

・お父さんの好きなところはどんなところですか。

・お父さんと何をして遊ぶのが好きですか。

・お父さんの好きな食べ物を知っていますか。

・お母さんの好きなところはどこですか。

・お母さんが一番大切にしているものは何ですか。

（答えられなかった場合）お母さんに聞いてみてください。

（答えた場合）答えたものが当たっているか、お母さんに聞いてみてください。

## 常　識

・（エプロンを見せて）これは何かわかりますか。何に使いますか。

・エプロンをつけたことはありますか。

・お母さんはエプロンをつけますか。

・（半分に切ったカボチャを見せて）これが何かわかりますか。何のお料理に使いますか。

・（タマネギを見せて）これは何ですか。何のお料理に使いますか。2つ教えてください。

## お話作り

4枚の絵を見せられる。1枚目はテスターがお話をし、続きの3枚は本人が自由に並べ替えてお話を作る。動物がどのようなお話をしていたか考えて、聞かせてくださいと言われる。絵は4匹の動物が遠足に出かけたり、お弁当を食べたり、すべり台の順番を待っている様子などが描かれている。

### 父　親

・自己紹介をしてください。

・ご趣味は何ですか。

・来校したことはありますか（あれば具体的な感想を聞かれる）。

・学校説明会や見学会などの感想を具体的にお話しください。

・小学校時代で印象に残っている出来事はありますか。

・小学生のころの自分に、今のお子さんが似ていると思うところはありますか。

・ご自身がお母さまから受け継ぎ、お子さんにも受け継がせたいことは何ですか。

・お子さんに見習ってほしい奥さまのよいところはどのようなところですか。

### 母　親

・自己紹介をしてください。

・ご趣味は何ですか。

・どのようにして本校をお知りになりましたか。

・学校説明会や見学会の感想をお話しください。

・お仕事をされていますが、学校行事への参加やＰＴＡ活動のお願いはできますか。また、災害時のお迎えには来られますか。

・最近読んだ本の中で印象に残っている本は何ですか。

・小学生のころ読んだ本の中で印象に残っている本は何ですか。

・小学生のころの出来事で一番印象に残っていることは何ですか。

・最近の家族の出来事の中で印象に残っていることは何ですか。

・ご自宅が本校から遠いようですが、通学に不安はありませんか。

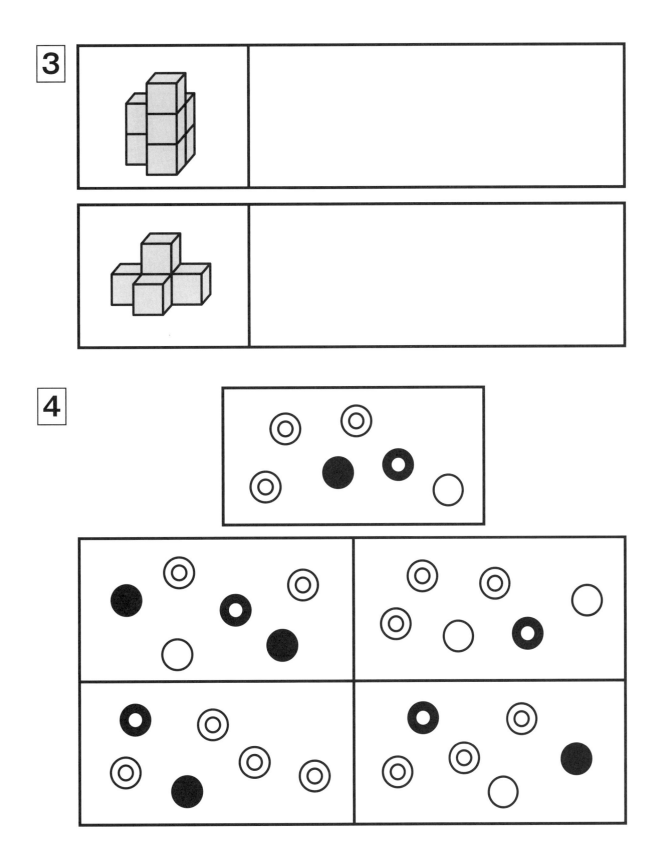

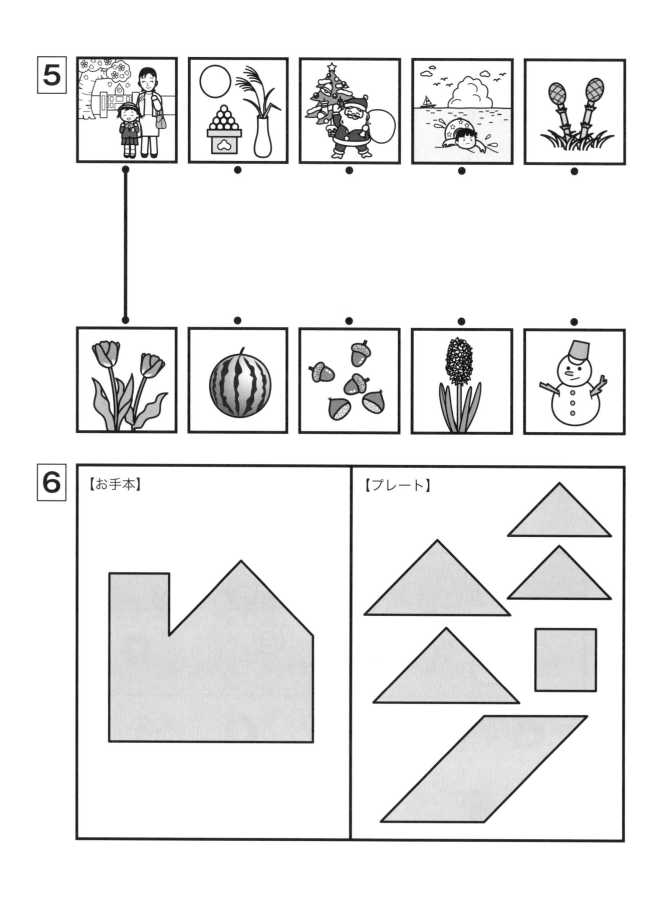

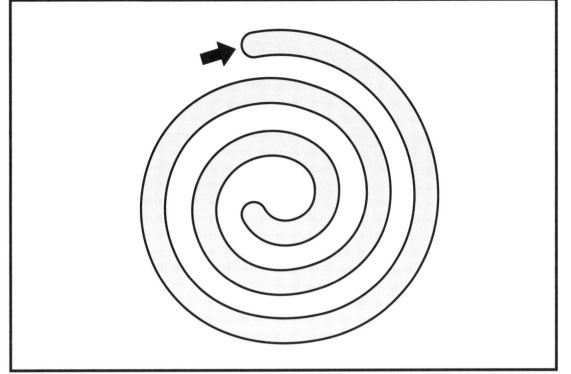

【台紙】

【台紙】

ブドウ（カラー）は
描いてある

穴

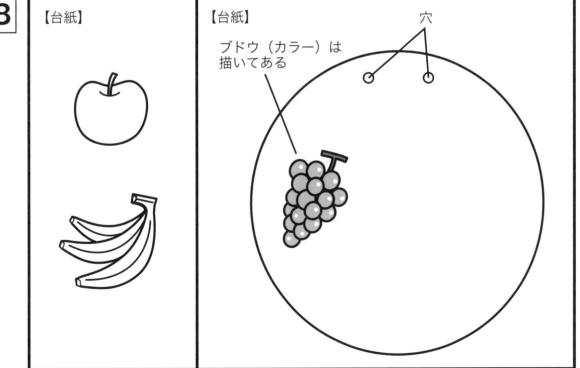

# カリタス小学校
# 入試シミュレーション

# カリタス小学校入試シミュレーション

## 1 話の記憶

「今日は日曜日。ウサギさんが窓から外を見ると、ポカポカと暖かくお日様が照って、とてもよいお天気です。『リスさん、タヌキさんを誘って、ピクニックに行こうかしら』。ウサギさんはさっそくお母さんに聞いてみました。『お母さん、今日はとてもよいお天気だし、リスさん、タヌキさんと一緒にコスモスの野原にピクニックに行きたいの。行ってもいい？』『そうね。みんなでお弁当を持っていきましょう。きっと、コスモスのお花もたくさん咲いているわね』。『わーい』。お母さんはすぐにお弁当を作ってくれました。おにぎりに玉子焼き、ウサギさんの大好きなニンジンとトマトのサラダも入っています。デザートには、ウサギさんにそっくりの形に切ったリンゴも入っていました。ウサギさんとお母さんは、お弁当を持ってリスさんのお家に行きました。『リスさん、コスモスの野原にピクニックに行きましょう！』と言うと、リスさんは『楽しそう！　今日はお天気がよいから、お外でお弁当を食べたらおいしいわよね』とうれしそうに言いました。ウサギさんの親子とリスさんの親子は、タヌキさんのお家に行きました。『タヌキさん、コスモスの野原にピクニックに行きましょう！』と言うと、タヌキさんは『今、ちょうどキツネさんが遊びに来ているところなの。キツネさんも一緒によいかしら？』と言いました。ウサギさんとリスさんは『もちろん！』と答えました。コスモスの野原に着いたみんなは、どんな楽しいお遊びをするのでしょうね」

- 上の段です。ピクニックに行った動物に○をつけましょう。
- 真ん中の段です。ウサギさんのお弁当に入っていたもの全部に○をつけましょう。
- 下の段です。お話の中に出てきた野原に咲いていたお花に○、それと同じ季節に咲くお花に△をつけましょう。

## 2 数　量

- お皿にのっているアメを男の子と女の子で分けます。初めに2人とも3個ずつ取りました。まだお皿にアメが残っていたので、今度は2人とも2個ずつ取りました。それでもまだアメが残っていたので、男の子が女の子に「残っているアメ、全部取っていいよ」と言いました。女の子は「ありがとう」と言って、残りのアメを全部もらいました。では、今、男の子と女の子はそれぞれいくつアメを持っているでしょうか。その数だけ、それぞれの顔の下の四角に○をかきましょう。
- 男の子と女の子が持っているアメの数は、いくつ違いますか。その数だけ、お皿の下の四角に○をかきましょう。

### 3 数　量

・それぞれの段で、一番数が多い四角に○、2番目に数が少ない四角に△をつけましょう。

### 4 位置・観察力

2つの棚におもちゃがしまってある。

・左側の棚を見ましょう。一番下の段の一番右にしまってあるおもちゃを、下の四角から探して○をつけましょう。

・右側の棚を見ましょう。真ん中の段の一番左にしまってあるおもちゃを、下の四角から探して△をつけましょう。

・左側の棚の一番上の段の一番左を見ると、車のおもちゃがしまってありますね。右側の棚の同じ場所、一番上の段の一番左を見ると、同じように車のおもちゃがしまってあります。左と右の棚を見て、同じ場所に同じおもちゃがしまってあったので、下の四角の車のおもちゃには二重丸の印がついています。ほかにも同じ場所にしまってある同じおもちゃがありますので、そのおもちゃを下の四角から探して◎をつけましょう。

### 5 常識（季節）

・上の四角です。大きい四角のそれぞれの角に、季節の野原の様子の絵が描いてあります。どの絵がどの季節のものかを考えて、その季節と仲よしのものが描いてある絵を真ん中から探して、それぞれの季節の印をつけましょう。

・下の四角です。春のものに○、秋のものに△をつけましょう。

### 6 常　識

・1段目を見ましょう。左に描いてあるものの仲間を、右から選んで○をつけましょう。

・2段目を見ましょう。左に描いてあるものと同じ数え方をするものを、右から選んで○をつけましょう。

・3段目と4段目を見ましょう。それぞれの段で仲間ではないものを1つ選んで○をつけましょう。

・5段目を見ましょう。電車やバスに乗るときにしてはいけないと思うことの絵に○をつけましょう。

### 7 推理・思考（重ね図形・回転図形）

・上の段を見ましょう。左の2枚の絵は、透き通った紙にかいてあります。この2枚の絵をそのまま重ねると、どのような模様ができますか。右の3つの中から選んで○をつけましょう。

・下の段を見ましょう。左の絵を、右にコトンと2回倒したとき、どのような絵になりま

すか。右の４つの中から選んで○をつけましょう。

## 8 推理・思考

- １段目です。左の四角のコップよりもたくさん水が入っているものを、右の４つの中から選んで○をつけましょう。
- ２段目です。一番長いリボンに○、２番目に短いリボンに△をつけましょう。
- 下の２段です。四角の中のお家を、上から見るとどのように見えますか。下から選んで○をつけましょう。

## 9 構　成

- 左の形を、右側の形２つを使って作ります。どれとどれでしょうか。○をつけましょう。

## 10 観察力

- 上のお手本のお菓子と同じものが入っている袋を、下から探して○をつけましょう。

## 11 点図形・模写

- 左のお手本と同じになるように右の四角に絵を描きましょう。一番下は途中まで描いてありますので、足りないところを描き足してお手本と同じ絵にしてください。

## 12 お話作り

- ４枚の絵が左から順番に並んでいます。１枚目の絵は、たろう君とゆきこちゃんが一緒にかけっこをしているところです。では、あとの３枚の絵を見て、続きのお話を作りましょう。

## 13 言　語

- 紙に書いてあることを読んでください。

**1**

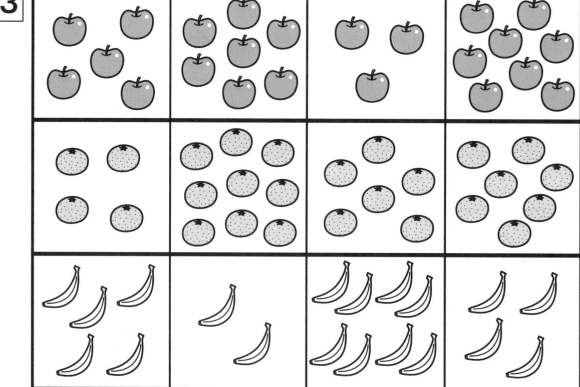

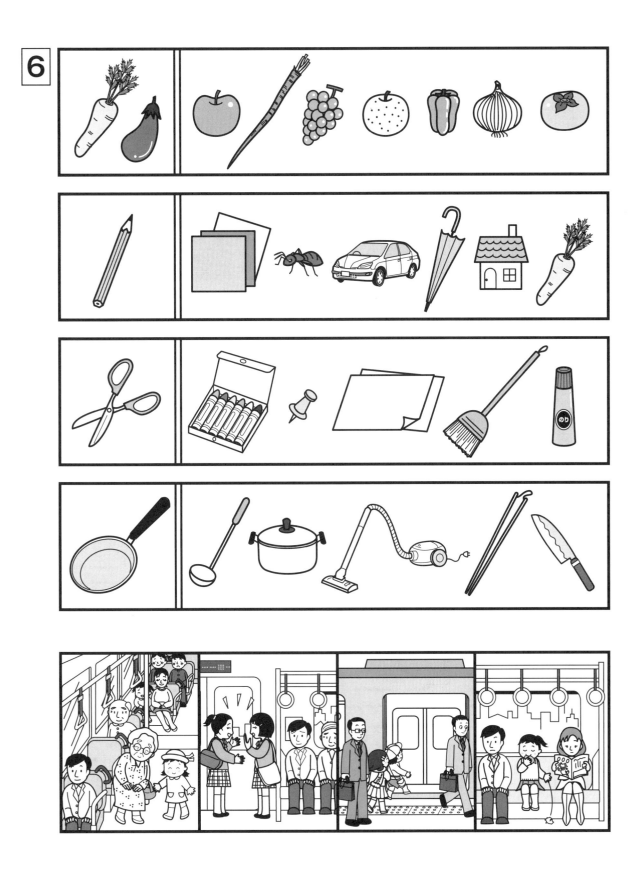

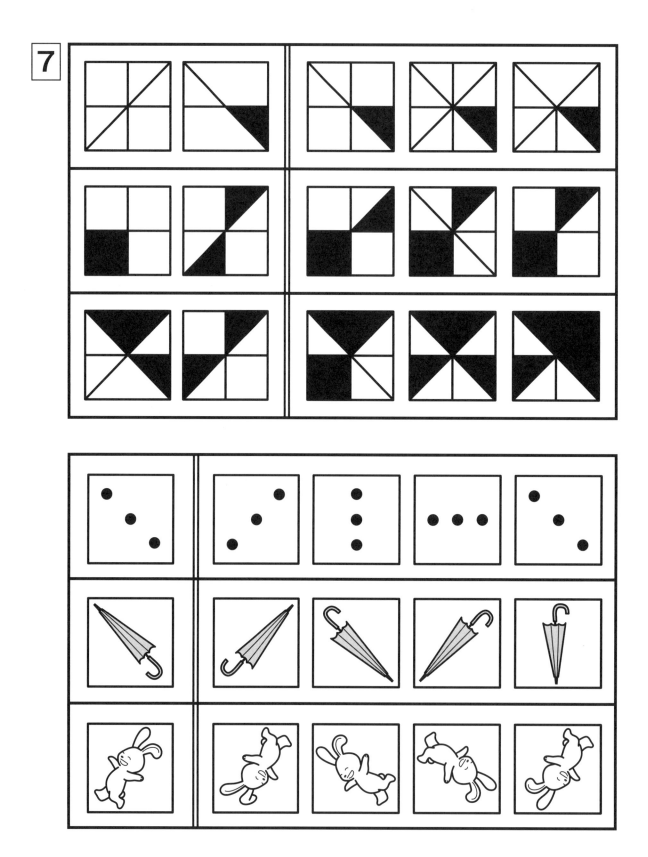

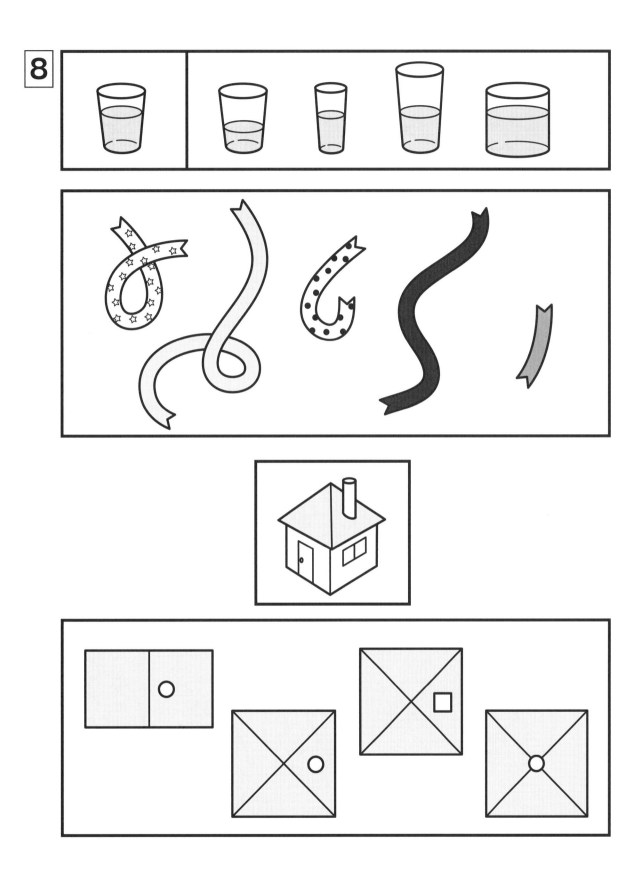

**9**

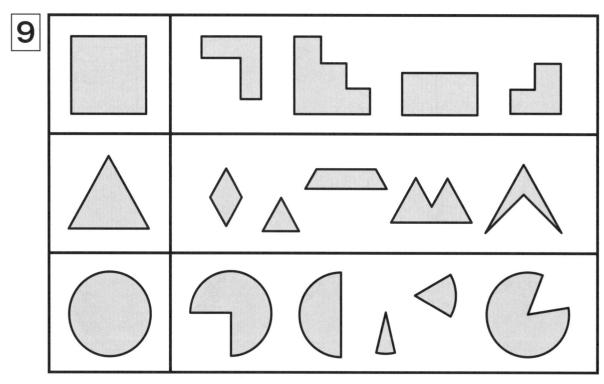

**10**

**11**

くるまで
ゆうえんちに
いきました

くれよんで
どうぶつのえを
かきました

こうえんの
すべりだいで
あそびました

# ［過去問］ 2024

# 森村学園初等部 入試問題集

## 解答例

入試シミュレーションの
解答例もあります！

© 2006 studio*zucca

**Shinga-kai**

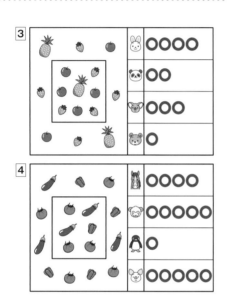

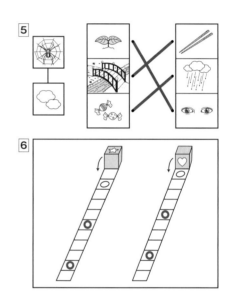

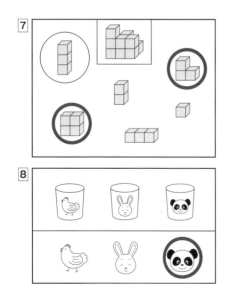

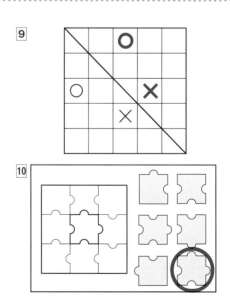

11

12 〈台紙〉　〈ピンクの画用紙〉

13 〈台紙〉　〈黄色の画用紙〉

## 2022 解答例

1

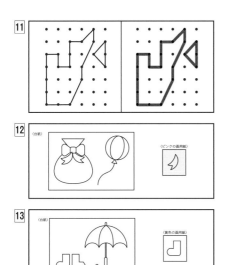

2

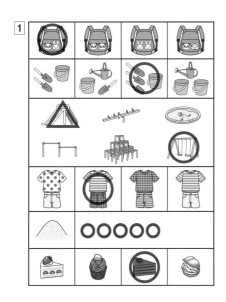

3

4

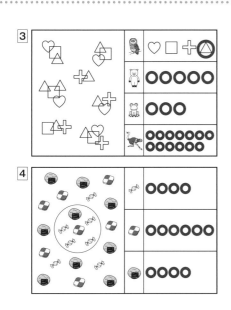

5

6

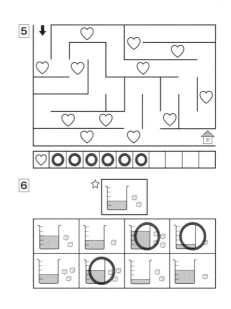

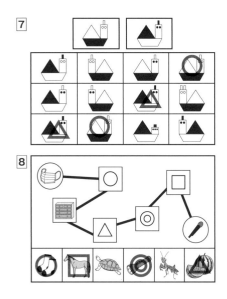

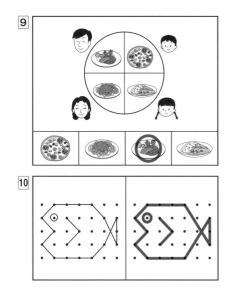

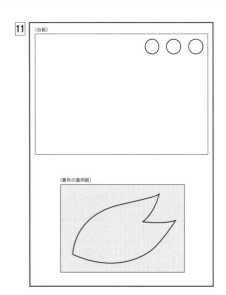

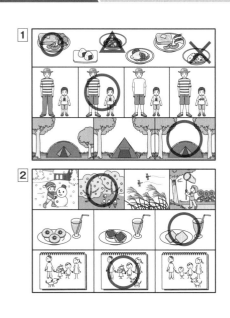

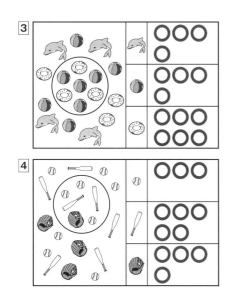

5
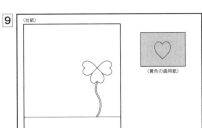

6
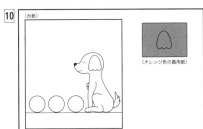

7
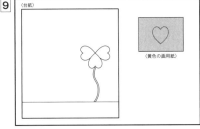

8
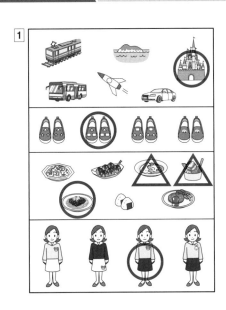

9 〈台紙〉
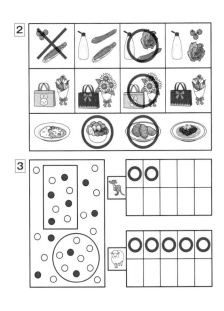
〈黄色の画用紙〉

10 〈台紙〉

〈オレンジ色の画用紙〉

2020 解答例

1
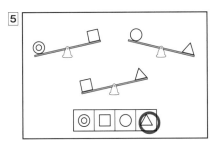

2
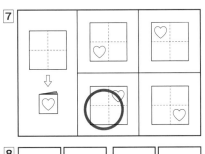

3
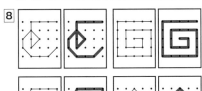

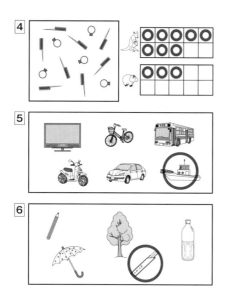

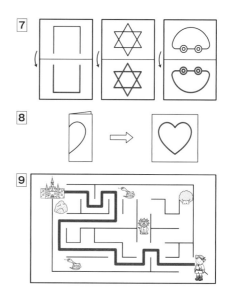

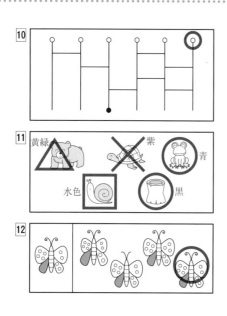

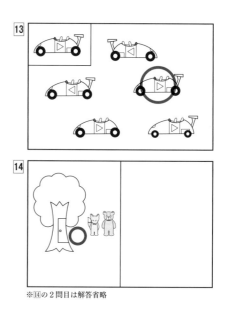

※14の2問目は解答省略

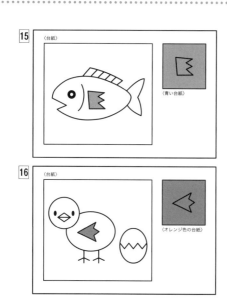

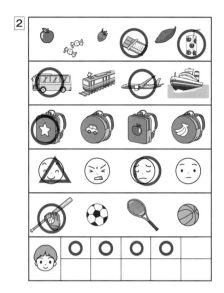

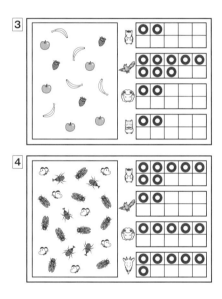

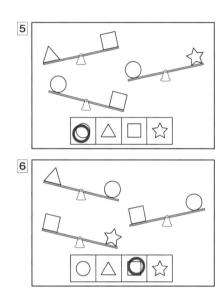

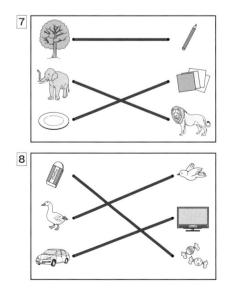

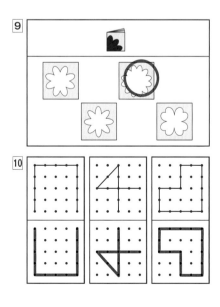

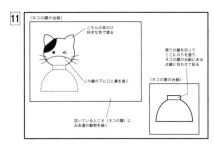

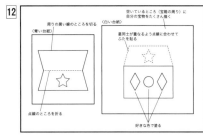

1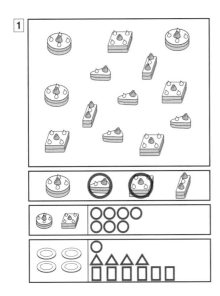

2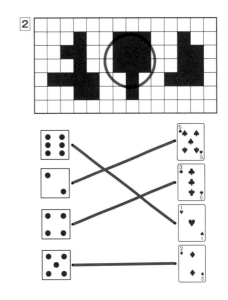

3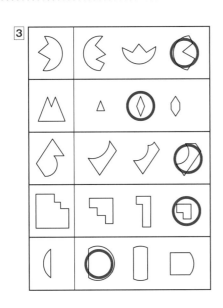

4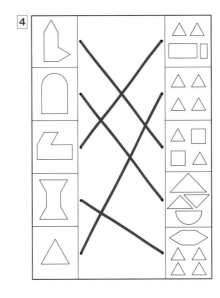

5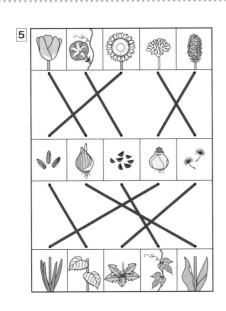

6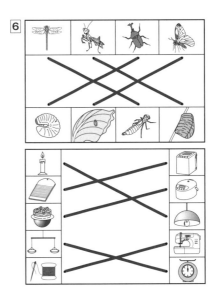

7

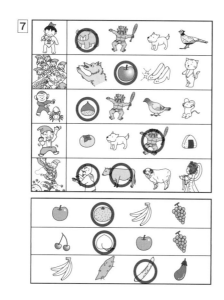

8

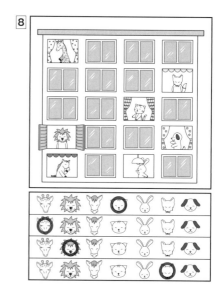

9

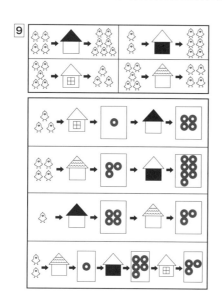

10

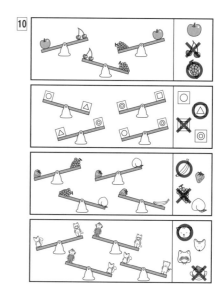

11

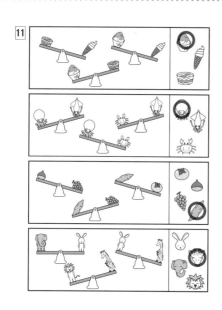

12

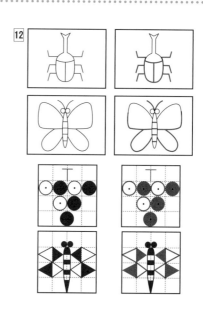

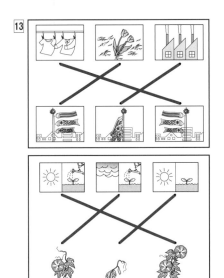

memo

# カリタス小学校 入試問題集

## 解答例

入試シミュレーションの
解答例もあります！

© 2006 studio*zucca

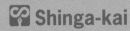

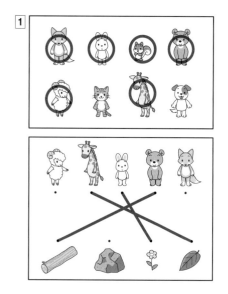

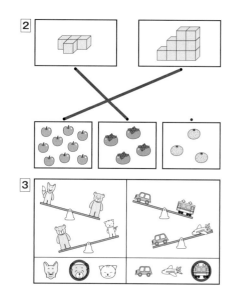

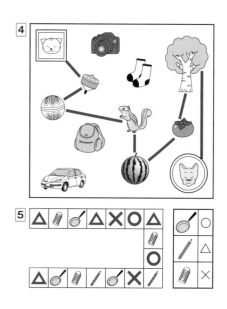

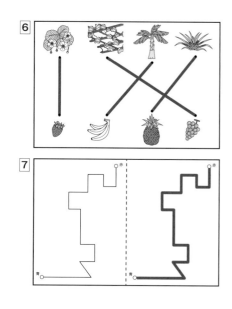

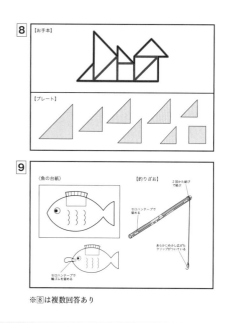

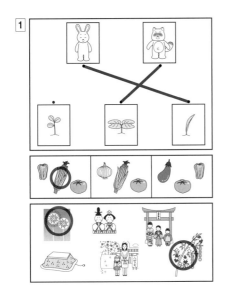

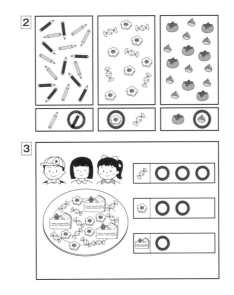

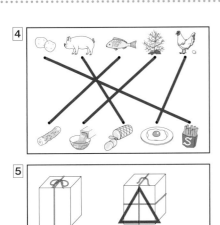

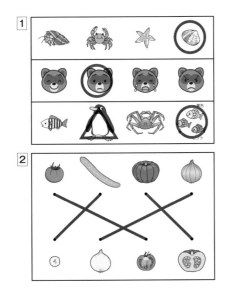

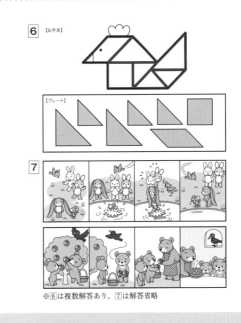

※ 6 は複数解答あり。 7 は解答省略

6
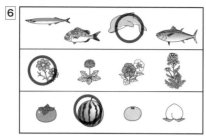

7
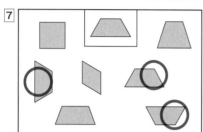

8 【お手本】
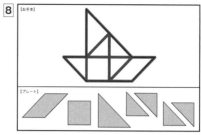

9
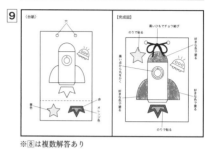

※⑧は複数解答あり

1

2
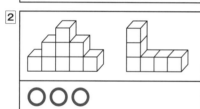

3
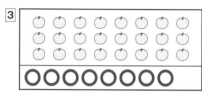

4
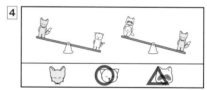

5

6
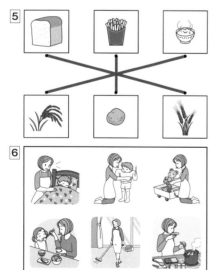

※⑥は解答省略

7 【お手本1】 【お手本2】
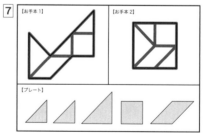

8 〈台紙〉 【完成図】
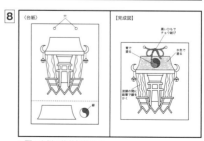

※⑦の右側は複数解答あり

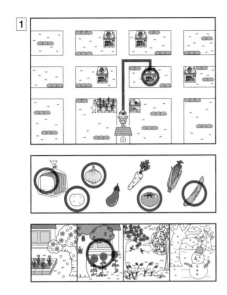

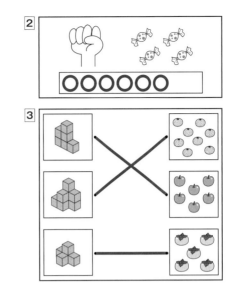

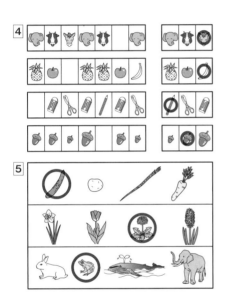

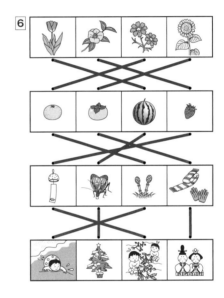

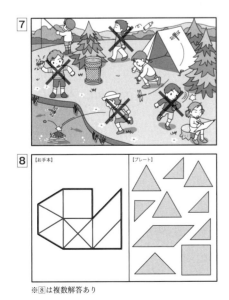

※8は複数解答あり

※10は解答省略

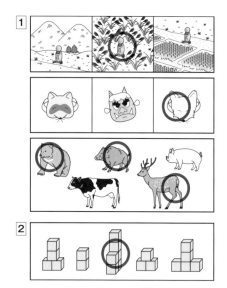

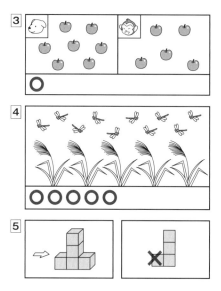

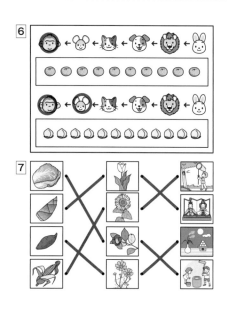

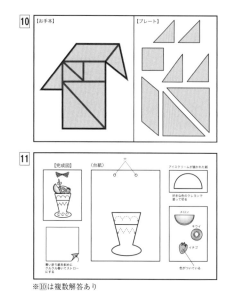

※10は複数解答あり

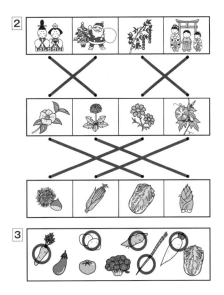

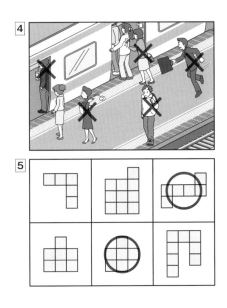

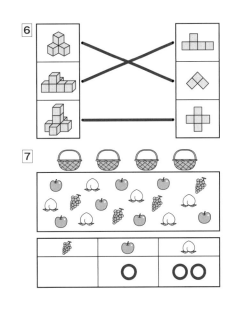

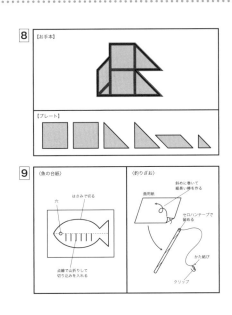

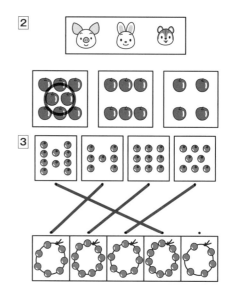

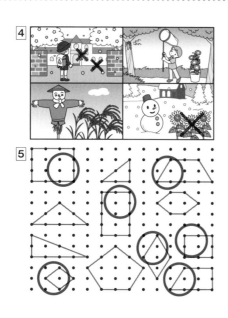

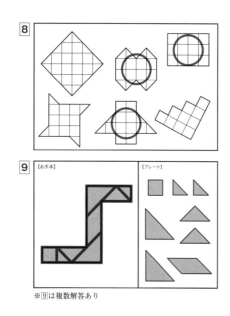

※ 9 は複数解答あり

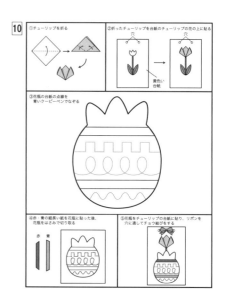

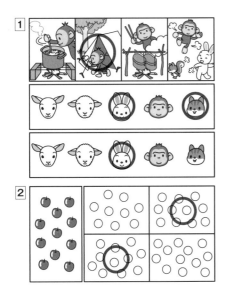

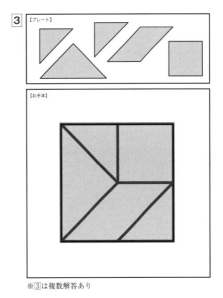

※③は複数解答あり

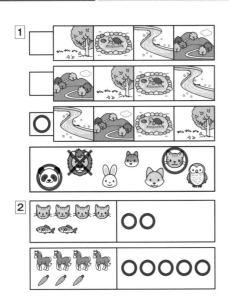

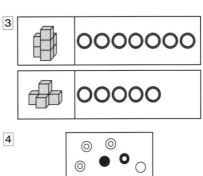

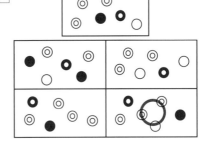

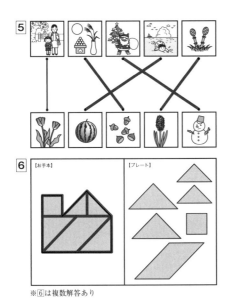

※⑥は複数解答あり

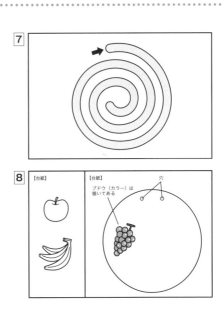

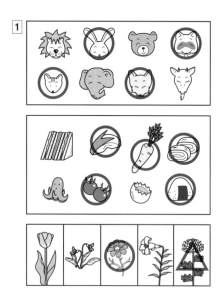

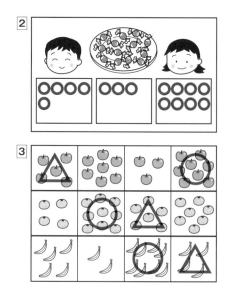

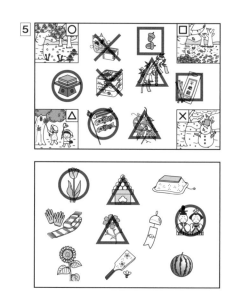

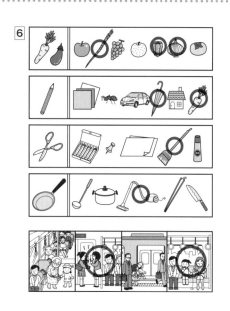

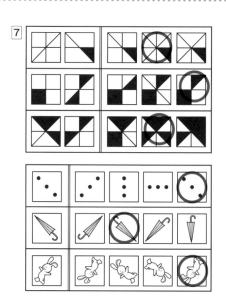

8
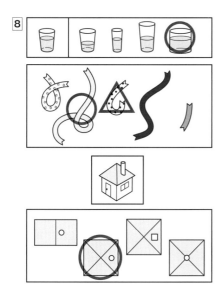

9
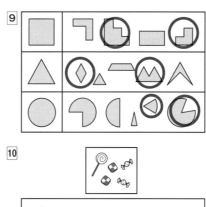

10

11
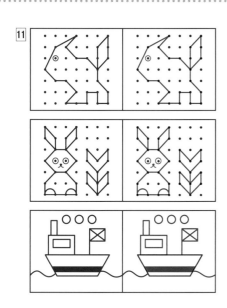

12

13

くるまで
ゆうえんちに
いきました

くれよんで
どうぶつのえを
かきました

こうえんの
すべりだいで
あそびました

※12は解答省略

Shinga-kai